novum pro

Kerstin Nickel

Liebe ohne Wiederkehr

novum pro

Bibliografische Information der Deutschen Nationalbibliothek:

Die Deutsche Nationalbibliothek verzeichnet diese Publikation in der Deutschen Nationalbibliografie. Detaillierte bibliografische Daten sind im Internet über http://www.d-nb.de abrufbar.

ISBN 978-3-99048-042-7
Lektorat: Stefanie Krüger
Umschlagfoto:
Konstantin Sutyagin | Dreamstime.com
Umschlaggestaltung, Layout & Satz:
novum Verlag

Gedruckt in der Europäischen Union auf umweltfreundlichem, chlor- und säurefrei gebleichtem Papier.

www.novumverlag.com

Ich hatte gerade die Schule beendet, was sollte ich nun lernen? Mein Traum war, Geschichte zu studieren, aber zu meiner Zeit war das nicht so einfach so eben mal auf die Uni zu gehen. Auch habe ich keine Unterstützung von meinen Eltern bekommen, nein, das habe ich nicht, meine Schwester war ja das Liebste, für mich war kein Platz für Liebe. Sie konnte jede Dummheit machen, ich war immer die Schuldige, ich habe immer alles abbekommen. Was sollte ich bloß machen?

So stand ich wieder mal stundenlang am Fenster. Es wurde schon dunkel. Was ich auch machte, es war sowieso meinen Eltern nicht recht. Ich stand wieder mal ohne Hilfe da, wie immer. Bis ich einen Entschluss fasste: Ist doch egal, was ich mache!

Also ging ich auf den Bau. Oje, das war es: „Du kannst nicht auf den Bau gehen, du bist ein Mädchen, das geht nicht, auf keinen Fall!“ „Warum eigentlich nicht? Ich bekomme doch sowieso von euch keine Unterstützung, und hört endlich auf, ihr wollt mich doch nicht, ich bin doch bloß eine Belastung für euch! Glaubt ihr, ich merke das nicht?“ „Das stimmt doch nicht!“, sagten sie, doch es war so.

Ich ging in mein Bett, weinte – wie viele Nächte … ich war so unglücklich.

Drei Wochen später habe ich meine Lehre angefangen, endlich war ich weit weg von zu Hause. Endlich meine Ruhe zu haben, glaubte ich jedenfalls. Ich kam jedoch vom Regen in die Traufe, doch ich sagte mir: „Da musst du durch, ist egal wie.“ Ich habe es geschafft.

Danach ging ich auf die Hochschule. Ich konnte endlich studieren. Es war eine sehr schöne Zeit. Ich hatte einen Freund, mir ging es gut. Wir hatten viel Spaß zusammen. Und plötzlich schlug das Schicksal erneut zu. Mir sollte es nicht zu gut gehen. Mein Freund hatte einen tödlichen Unfall. „Was mache ich bloß?“, fragte ich mich. Ich war ratlos, nach so einer schönen Zeit! Mein Herz war voller Trauer. Ich zog mich immer mehr zurück, sprach mit keinem mehr, habe nur an die schöne Zeit gedacht: an den Urlaub, die vielen kuscheligen Abende bei Kerzenschein und einem guten Wein am Kamin, die wilden Nächte, die romantischen Mondscheinfahrten und die vielen Theaterbesuche, und jetzt war alles vorbei! Das konnte es nicht sein, ich wollte es nicht wahrhaben, aber das Leben ging doch weiter. Irgendwie musste es gehen, ich war doch noch so jung.

Nach einem halben Jahr habe ich meine Prüfung mit „gut“ bestanden.

Ich ging von der Stadt weg, in der ich einige Jahre gelebt hatte, und zog durch die Lande, bis ich einen kleinen Ort namens Schönberg fand. Der Ort gefiel mir sehr gut! Ich ging zur Gemeinde und fragte nach einer Wohnung.

Ich hatte Glück, es war ein kleines, aber schönes Zimmer mit Bad und Küche. Da ich es noch einrichten musste und nicht viel hatte, ging ich essen. Ich hatte es ja nicht weit, gegenüber von meiner Wohnung war ein Café. Die Menschen waren alle so freundlich.

Hier fand ich auch schnell Freunde. Wir trafen uns jeden Tag im Café, mal waren wir alle zusammen, mal bloß zu viert. Da war Peter, ein großer, dunkelhaariger, schlanker, aber etwas tollpatschiger junger Mann. Johann war etwas mollig mit lockigem, dunkelblondem Haar. Renate hatte lange schwarze Haare und wunderschöne blaue Augen, Susanne blonde, immer geflochtene Haaren und blaugrünen Augen, aber ein etwas blassem Gesicht, und Tanja.

Susi, das bin ich.

Wenn ich nicht da war, kam Tanja und holte mich. Tanja hing sehr an mir, ich wusste anfangs nicht, warum. Tanja hatte lange, braune Haare und wunderschöne blaue Augen. Sie war richtig niedlich.

Die anderen hatten mir nicht gesagt, was los war. „Peter, sag schon! Oder du, Renate." „Susi, das musst du schon selbst rausfinden!" „Peter, komm schon. Und was ist mit dir, Renate, willst du auch nichts sagen?" Sie schaute ihren Peter an. „Na gut, wenn ihr nicht wollt, ich esse erst mal was." „Renate sagte: „Schau, da kommt deine Tanja." Na gut, ich musste zugeben, ich freute mich und sagte zu ihr: „Tanja, erst holst du mich ab, und auf einmal warst du wieder weg!"

„Susi, ich musste doch noch was bei mir zu Hause machen."

„Ist schon gut, Tanja!"

Später kamen noch Susanne und Johann. Wir hatten immer was zu feiern oder spielten Karten. An diesem Abend hatten wir besonders viel getrunken. Tanja kuschelte sich an mich, nun ja, dachte ich, Tanja war ein bisschen beschwipst, mir war es nicht unangenehm. Sie legte ihren Arm um meinen Hals und streichelte mich ganz zärtlich. Die anderen sagten nichts oder wollten nichts sagen. Es wurde sehr spät, es muss schon nach zwei Uhr gewesen sein, Peter und Renate standen auf. „Wir müssen morgen früh zeitig aufstehen." Sie verabschiedeten sich. „Na, dann bis morgen, ihr zwei."

Renate sagte: „Zur gleichen Zeit im Café."

Susi: „Gut, aber ich komme ein paar Minuten später." „Das kannst du nicht machen, Susi", sagte Peter. „Du weißt, dass Tanja dich dann wieder holt, ja, dann kommt Tanja zu dir." Und er grinste mich so blöd an.

„Was habt ihr? Sagt es doch!" Doch Peter und Renate verschwanden ganz schnell. Jetzt war ich mit Johann, Susanne und Tanja alleine. Tanja schlief an meiner Seite. Wir anderen redeten noch lange, bis Klaus, der Wirt, sagte: „Ich will Feierabend machen!" „Aber für jeden noch ein Bier?" „Nein", sagte Johann, „nicht für Tanja!" „Aber das ist das letzte!" „Ja, Klaus, das ist das letzte, wir müssen ja auch auf Arbeit. Und Susi will sich nach einer Arbeit umsehen, und noch Möbel kaufen!" Wir tranken aus.

„Susi, du musst Tanja jetzt mit zu dir nehmen, so kommt sie nicht mehr nach Hause."

„Klar nehme ich sie mit."

Susanne: „Pass auf, dass sie dich nicht vernascht!"

„Was meinst du damit!?“

Susanne: „Ach, nur so, ach, nur so, nichts weiter.“

Also nahm ich Tanja mit zu mir. Ich hatte es ja nicht weit, bloß über die Straße. Am Morgen hat Tanja Frühstück gemacht und mich sanft geweckt. Oh, mir tat der Kopf weh, aber Tanja sah so glücklich aus. Wir frühstückten zusammen. Es war irgendwie schön. Sie war so lieb.

Ich frage sie: „Was hast du, Tanja?“

„Susi, du siehst so süß aus mit deinen dunkelblonden, langen Haaren und graugrünen Augen.“

„Meinst du?“

„Ja, Susi!“

Wie wir fertig waren, hat sie noch aufgewaschen und alles weggeräumt. „So, Susi, jetzt müssen wir aber zum Bus.“ An der Haltestelle warteten auch schon die anderen. Sie fragten: „Wie geht es euch beiden?“ und schmunzelten.

Tanja sagte: „Uns geht es gut, und euch?“

Johann: „Uns geht es auch gut!“

„Und was machen wir heute Abend? Susi, du kommst doch?“

„Ja, ich komme, Renate.“

„Tanja brauche ich ja nicht zu fragen, da wo du bist, ist sie ja auch.“

Jetzt hatte ich verstanden: Tanja war lesbisch. Ich schaute sie an und fragte: „Tanja, bist du lesbisch?“ „Ja, das bin ich. Ist das schlimm?“

„Nein, Tanja, warum sollte das schlimm sein?“

„Jetzt weißt du es. Und nun sag schon, Susi.“

Ich brauchte nicht lange zu überlegen, fühlte mich sowieso zu Frauen hingezogen, wollte es bloß nicht wahrhaben. Tanja war eine lustige und sehr hübsche Frau. Was gab es da zu überlegen? Also sagte ich: „Tanja, versuchen wir es!“ Sie war überglücklich.

Die anderen: „Na endlich! Susi hat begriffen, was wir meinten.“

Wir trafen uns abends wieder im Café. „Und, Susi, hast du eine Arbeit?“, fragte Johann. „Ja, ich fange in einer Woche an.“ „Und wo, in der Schule?“ „Ihr wisst doch, ich habe Geschichte studiert!“ „Da wirst du ja mit Tanja in drei Jahren zusammen in der Schule unterrichten, wenn sie mit ihrem Studium fertig ist. Das ist so schön!"

Für uns begann eine wunderschöne Zeit. Es war aufregend, ich hatte ja noch nie was mit einer Frau gehabt. Wir unternahmen viel zusammen, trafen uns aber auch mit unseren Freunden. Wir waren alle beide so glücklich!

Nach kurzer Zeit zog sie zu mir, und dann kam das erste Mal: Wir schliefen zusammen, aber wir hatten es uns so romantisch gemacht, bei Kerzenschein, einer Flasche Wein und überall roten Rosen. Wir hatten sehr lange Sex bis in die Nacht. Es war unbeschreiblich schön, und ich sagte: „Tanja, du bist so liebevoll, so zärtlich." Es war unbeschreiblich, ich hatte noch nie so schöne Glücksmomente und wünschte, es ginge nie vorbei, mit ihren zarten Händen, die sanft über meinen Körper glitten.

Tanja: „Sag nichts, Susi. Lass uns das genießen. Lass uns das machen, wonach uns beiden ist." Und später: „Wir wollen uns ganz hemmungslos einander hingeben, lass dich einfach fallen, lass dich fallen, Susi", und sie küsste mich dabei.

Ich sagte: „Tanja, du bist so liebevoll! Mit dir ist jeder Tag so wunderschön." Irgendwann schliefen wir ein.

Am Morgen sagte ich zu ihr: „Tanja, mit dir bin ich so glücklich!"

„Ja Susi, ich auch mit dir, du bist so eine liebe, immer lustige und unbeschwerte, einfach lebensfrohe Frau."

„Komm, lass uns ein schönes Frühstück machen." Und wir küssten uns so liebevoll dabei. Es war so wunderbar unbeschreiblich schön. Wir ließen uns sehr viel Zeit und setzten unser Liebesspiel fort. Wir waren einfach alle beide so glücklich.

Am späten Nachmittag fragte Tanja: „Susi, wollen wir runter ins Café?"

„Meinst du?" „Ja. Die anderen müssten auch schon da sein." „Ja freilich, gehen wir, sie warten bestimmt schon." Es war so, sie waren alle schon da.

„Hallo Susi, hallo Tanja, was habt ihr gemacht, weil ihr so spät kommt?" Wir lachten bloß.

Tanja: „Ach, seid froh, dass wir überhaupt kommen."

„Susanne, was machen wir am Wochenende?", fragte Renate.

„Wie wäre es, wir fahren zwei Tage an den See. Das Wetter ist schön.“

„Gut“, sagten Peter und Johann, „das machen wir.“

„He ihr zwei, kommt ihr mit?“

„Freilich kommen wir mit, aber wir wollen morgen schon früh los, also heute nicht so lange, vor allem nicht ihr zwei“, sagte Peter.

Tanja: „Wen meinst du, Peter?“

„Na, dich und Susi.“

„Ist schon gut, wir bleiben bloß eine Stunde, was essen und ein Bier.“

Susanne: „Ihr habt wohl nichts eingekauft?“ „Ach Susanne, wieso?“ „Weil ihr hier immer was esst.“

„Na ja, Klaus will auch Umsatz machen. Stimmt's, Klaus? Susanne, unser Kühlschrank ist immer voll.“

Peter: „Was nehmen wir mit? Susi und Tanja, habt ihr ein Zelt?“ „Haben wir.“ „Wir brauchen etwas zum Grillen.“ „Das bringen wir mit“, sagte Johann.

Susanne: „Komm Johann, wir müssen los, du kommst auch nicht früh aus den Federn und das Auto müssen wir auch packen.“ „Ja, ja, ich komme schon, also bis morgen, macht nicht mehr so lange.“

Tanja sagte: „Wir sind auch gleich weg, müssen nur noch bezahlen.“

Klaus: „Macht das, wenn ihr wieder da seid.“ Also gingen wir. Wir mussten ja auch noch unsere Sachen einpacken.

Wie wir fertig waren, fragte Tanja: „Susi, wollen wir noch ein bisschen in den Park gehen?“ „Ja, hast recht, es ist so schön draußen.“ Wir nahmen eine Decke mit und gingen los. Die Luft war lau und der Himmel sternenklar. Wir kamen endlich in den Park, breiteten die Decke aus und legten uns hin. Wir schauten in den Himmel, suchten den kleinen und den großen Wagen, sahen Sternschnuppen. Es war so richtig romantisch, wir liebten uns. Es war ja keiner da. Tanja war so zärtlich, so gefühlvoll. Wir hatten uns so lieb. Ich hatte nie gedacht, dass ich so glücklich sein konnte. Aber plötzlich raschelte etwas.

Tanja: „Ist bloß ein Hase.“

Nein, das war kein Hase, sondern Renate und Peter.

„Was wollt ihr hier?" „Wir konnten nicht schlafen." „Ach so, na kommt schon, setzt euch zu uns." Wir redeten noch lange, irgendwann schliefen wir ein.

Wir wachten sehr spät am Morgen auf. Ach, was sollte es, wir gingen los. Da kamen Susanne und Johann. „Wo kommt ihr her? Wir wollten doch zeitig los und haben euch überall gesucht!" „Wir waren im Park und müssen eingeschlafen sein." „Ach, alle vier? Ist schon gut, aber jetzt wollen wir los, habt ihr alles?" „Ja, wir müssen bloß noch unsere Sachen holen."

Johann: „Nun kommt schon, ihr zwei Turteltauben, sonst wird es zu spät."

Tanja sagte: „Susi, ich hole alles, bleib hier."

„Gut, Tanja."

Nun ging es endlich los, wir nahmen bloß ein Auto. Wir saßen wie die Heringe, doch das machte nichts, wir fuhren ja nur durch den Wald. Endlich waren wir da. Mir tat alles weh.

„Tanja, wie geht es dir?" „Geht schon, Susi."

„Ach", sagte Peter, „uns fragt keiner?" „Das war ja deine Idee, bloß ein Auto zu nehmen!" „Ist schon gut."

Wir suchten uns einen schönen Platz, luden das Auto aus und fingen an, unsere Zelte aufzubauen. „Tanja, Susi, schafft ihr das?", fragte Johann. „Schaffen wir schon." Und kurz darauf: „Wir waren eher fertig! Na, Johann, sollen wir euch helfen?" „Tanja, macht euch nur lustig!", sagte Susanne. „Ihr seht doch, die Jungs bringen heute nichts fertig."

„Renate, Susanne, kommt ihr mit? Wir gehen und schauen, wie das Wasser ist." „Ja wir kommen mit." Peter rief: „Wir kommen auch mit." „Nein", sagte Renate, „erst wird das Zelt aufgebaut." „Ihr könnt nachkommen, wenn ihr es geschafft habt. Und nicht vergessen, alles für das Lagerfeuer fertig zu machen, wir holen das Holz."

„Susanne, das Wasser ist herrlich! Kommt rein!" Ja, das war es, wir vier hatten viel Spaß. Nach einer Weile sagte Tanja: „Aber jetzt müssten wir noch das Holz holen!"

Also gingen wir aus dem Wasser, sammelten das Holz und gingen zurück. Peter und Johann waren auch fertig. Wir Frauen bereiteten das Lagerfeuer für den Abend vor.

„Ich lege mich mit Tanja noch ein bisschen hin, wenn ihr nichts da gegen habt", sagte ich.

Johann: „Macht nur, ihr beiden, viel Spaß!" „Werden wir haben, Johann", sagte Tanja. „Weckt ihr uns, Renate?" „Machen wir. Und nun geht schon, ihr zwei Süßen." Aber an Schlafen hatten wir nicht gedacht.

„Tanja, willst du schlafen?"

„Nein, warum?"

Wir kuschelten uns zusammen, hatten uns lieb und tauschten Zärtlichkeiten aus. Wir wollten uns gar nicht mehr loslassen, wir waren so glücklich und hatten noch dazu sehr gute Freunde. Es wurde langsam dunkel.

„Tanja, wir müssen aufstehen. Sie werden schon warten." „Das macht nichts." „Weiß ich doch", und ich küsste sie. Schließlich gingen wir nach ein paar Minuten raus.

„Ach, seid ihr auch schon da?" „Renate, du solltest uns doch wecken!" „Ach, habe ich vergessen. Wie seht ihr zwei bloß aus?"

„Wie schon? Sag schon!"

„Na ja, wie soll ich es euch zwei sagen?"

Tanja: „Lass es, wissen wir selbst, das macht doch nichts, oder?"

Susanne: „Nein."

Johann: „Wir machen jetzt das Lagerfeuer an, macht ihr die Spieße fertig?" „Machen wir", sagte Renate.

Endlich war es so weit. Wir setzten uns um das Lagerfeuer, hielten unsere Spieße in das Feuer, hatten viel Spaß dabei, wir aßen und tranken. Peter holte seine Gitarre. Wir waren so vergnügt, sangen schöne Lieder und tanzen. Wir hatten so viel Spaß zusammen. Es war eine herrliche Nacht. Als ob es nichts anderes auf der Welt gab. Wir waren so fröhlich und unbeschwert. Das Feuer brannte runter, wir legten noch etwas nach, erzählten uns Geschichten. Nun ganz nüchtern waren wir auch nicht mehr.

„Tanja?" „Ja, Susi?" „Gehen wir noch einmal zum See, noch eine Runde schwimmen?" „Gute Idee, aber ohne Badezeug." „Na klar, Tanja!"

Es war so schön, Liebe im Wasser und das bei Vollmond! Unbeschreiblich schön und romantisch.

Auf einmal kamen auch die anderen.

„Was wollt ihr?"

„Na, was schon?", sagte Johann.

„Na, kommt schon! Das Wasser ist herrlich!" Wir schwammen noch eine Runde. Aber dann wurde es Zeit, schlafen zugehen.

„Tanja, kommst du mit?" „Freilich." Es war schon fast drei Uhr. Wir gingen in unser Zelt. Es dauerte nicht lange, und wir schliefen Arm in Arm ein.

Es war gegen elf, als ich munter wurde. Tanja schlief noch. Sie sah so süß aus wie ein Engel. Bei den anderen war es auch noch ruhig. Ich gab ihr ein Kuss und schlich mich aus dem Zelt, ich wollte Tanja nicht aufwecken.

Ich ging zum See, setzte mich in den Sand und schaute auf das Wasser. Die Wellen spielten miteinander. Es war ruhig, als ob keiner da wäre, so eine Stille. Der laue Wind wehte sanft über mein Haar, als wolle er mir etwas sagen. Es klang wie ein Liebeslied, ein Lied der Sehnsucht.

Plötzlich stand Tanja hinter mir, strich mir übers Haar und sagte leise: „Susi, warum hast du mich nicht geweckt?" „Ich wollte dich schlafen lassen. Du sahst aus wie ein Engel, so richtig süß."

Dann bat ich sie: „Komm, setz dich neben mich." Ich nahm sie in den Arm und sagte ihr leise ins Ohr: „Ich liebe dich, ich liebe dich so sehr, als wenn es ein Traum wäre." „Ich liebe dich auch so sehr, Susi. Ich will dich nie mehr loslassen, und verlass mich nie!" „Tanja, das werde ich nie, nie, ich werde dich nie verlassen!" Wir hielten uns ganz, ganz fest und schauten auf das Wasser, auf die spielenden Wellen, und küssten uns leidenschaftlich.

Bis eine Stimme sagte: „Kommt ihr frühstücken?"

Es war Peter. „Ja, wir kommen" Wir standen auf und gingen.

„Habt ihr gut geschlafen?", fragte Susanne.

„Haben wir. Und ihr?" „Wir auch." Wir setzten uns hin. Wir hatten noch den Sand in den Haaren, der leise auf den Tisch rieselte. Wir mussten so lachen. Es war so lustig.

„Was machen wir heute?" „Was meint ihr?", sagte Johann. „Na, erst mal essen." „Ja, aber danach?" „Wie wäre es mit einer Wasserschlacht?" „Oh, gut!", sagt Tanja. „Das machen wir."

Nach dem Essen gingen wir zum See. Dann ging es los. Wir hatten viel Spaß, wir tobten uns so richtig aus.

Susanne rief: „Wollen wir ein Wettschwimmen machen?"
„Ja, das ist eine gute Idee!", sagten die anderen.

Tanja: „Hast du Lust, Susi?" „Nicht so richtig." „Ich auch nicht." „Lass die anderen, komm." Wir gingen aus dem Wasser, liefen erst mal zum Zelt und zogen uns um.

Tanja: „Und was machen wir jetzt?" Ich schaute sie an.

„Was hast du, Susi?" „Du bist so schön! Deine nassen Haare, dein Lächeln. Du schaust so unschuldig aus."

„Bin ich das nicht, Susi?"

„Bist du, ja, meine süße Tanja, das bist du! Komm, lass uns ein bisschen am Strand entlanggehen."

Wir redeten nicht viel, brauchten es auch nicht, nahmen uns an der Hand und liefen langsam den Strand entlang. „Ach Tanja." „Was hast du, Susi?" „Ich bin so glücklich mit dir, Tanja!" „Ich mit dir auch. Komm, lass uns ein bisschen hinsitzen." „Das ist eine gute Idee." Wir küssten uns, es war so still, sehr still, wir schwebten im siebten Himmel. Nichts konnte uns stören. Wir merkten nicht, wie ein Gewitter aufkam.

Die anderen suchten uns schon. Sie riefen: „Wo seid ihr? Tanja? Susi? Wo seid ihr?" Wir sagten: „Hier sind wir. Was ist?" „Kommt! Wir müssen schnell zurück! Es zieht ein Gewitter auf, hoffentlich wird es nicht so schlimm."

Wir setzten uns ins Auto und wollten nicht in unsere Zelte, wir wussten ja nicht, wie schlimm es werden würde. Aber wir hatten Glück, großes Glück, und bekamen nicht viel ab.

Peter und Johann machten den Grill an. Es war schon spät. Wir mussten etwas essen. Renate, Susanne, Tanja und ich machten den Salat. Peter und Johann waren für das Fleisch verantwortlich. Renate rief: „Macht schon und trinkt nicht so viel Bier!"

Peter: „Warum nicht, Renate?"

„Wir müssen doch noch nach Hause!"

Johann: „Nee, wir fahren morgen früh, oder?"

„Gute Idee! Da haben wir noch den ganzen Tag", rief Tanja, „und die Nacht!" „Ja, ja", sagte Susanne, „die ganze Nacht. Du bist mir schon eine!"

„Wieso?"

„Na, du und deine Susi!"

„Was ist mit uns?"

„Wir müssen euch ständig suchen!"

„Das braucht ihr ja nicht!"

„Wer soll sonst auf euch beide aufpassen?"

„Hast schon recht, hast recht, Susanne."

„Nach dem Essen legen wir uns hin, Renate."

„Ihr zwei, nicht so lange!"

„Nein, heute nicht. Eine oder zwei Stunden."

„Für euch reicht das bestimmt nicht!"

„Was willst du uns damit sagen, Renate?" „Geht endlich, sonst bekommt ihr euren Schlaf nicht!" „Ist schon gut, wir gehen schon. Komm, Susi, gehen wir ins Zelt."

Dann, im Zelt, fragte Tanja: „Was machen wir jetzt?"

Susi: „Schlafen wir erst mal ein bisschen."

Sie legte ihren Arm um mich, es dauerte nicht lange, und schon schliefen wir fest und tief, bis Renate reinkam. „Aufstehen, ihr zwei!" „Warum? Lass uns noch ein bisschen schlafen!", sagte Tanja. „Susi, willst du schon aufstehen?" Ich drehte mich zu Tanja um. „Nee!" „Kommt schon, wir gehen noch mal an den See, anschließend wollen wir noch ein Lagerfeuer machen."

„Ist schon gut, wir kommen. Geh schon vor."

„Komm, Susi, gehen wir mit."

„Erst bekomme ich noch einen schönen Kuss von dir!"

„So viele du willst."

Anschließend gingen wir zum See, spielten noch ein bisschen Wasserball und hatten so viel Spaß. Peter und Renate gingen schon eher aus dem Wasser.

Tanja rief: „Wir kommen mit!"

„Nein", sagte Peter, „bleibt noch ein bisschen!"

„Na gut. Wir bleiben aber nicht mehr so lange."

Tanja sagte: „Komm, wir schwimmen noch ein bisschen." Wir schwammen ein Stück. Dann schlug sie vor: „Komm, Susi, lass uns zurückschwimmen." „Machen wir." Aber wir sahen keinen mehr. „Wo sind die alle, Susi?" „Weiß nicht, Tanja."

Als wir endlich das Ufer erreichten, sahen wir sie schon von weiten. Die vier hatten eine Überraschung für uns.

Johann sagte: „Tanja und natürlich Susi, ihr seit jetzt drei Monate zusammen. Wir hatten nicht gedacht, dass ihr so gut zusammenhaltet und zusammenpasst. Ach, was sage ich, kommt, wir haben etwas für euch." Sie hatten ein großes Herz gemacht und mittendrin unsere Bilder und einen schönen Spruch: „Niemand soll euer Glück stören, und dass ihr immer zusammenbleibt und so glücklich wie bisher seid." Und alle vier hatten unterschrieben. Tanja und ich, wir freuten uns so sehr.

Susanne sagte: „Kommt, das müssen wir feiern!" Sie sangen noch ein wunderschönes Lied für uns und Peter spielte auf der Gitarre. Wir hatten so gute Freunde: Peter, Johann, Susanne und Renate. Sie waren so lieb zu uns. „Und jetzt machen wir das Lagerfeuer an."

Ich nahm meine Tanja und drückte sie ganz fest, sagte zu ihr: „Ich habe dich so sehr lieb. Keiner kann uns je trennen!" „Nein, Susi, keiner soll es wagen!" „Nein, keiner!"

Da sagte Johann: „Wir passen schon auf euch zwei auf. Das war der schönste Tag in meinem Leben." Ich hatte meine Tanja und sehr gute Freunde. „Kommt, ihr zwei Süßen. Wir wollen auf euch anstoßen, dass ihr immer glücklich bleibt."

„Das werden wir, das versprechen wir euch."

Wir feierten noch sehr lange. Johann trank nichts mehr, er musste ja noch früh mit dem Auto fahren. Wir sangen bei Gitarrenklang, waren so fröhlich, erzählten noch viel, auch wie wir uns kennengelernt hatten – und nie daran gedacht hatten, dass Tanja und ich ein Paar sein würden.

Wir gingen schlafen. Das Feuer war runtergebrannt. Und wir waren so müde, mussten ja noch früh auf Arbeit.

Tanja sagte: „Susi, was machen wir?"

„Ich habe eine Idee. Wir nehmen eine Decke und legen uns an den Strand." „Gut, machen wir. Da hören wir die Wellen rauschen. Das ist gut, es ist sehr gut." Es war so herrlich, das Rauschen der Wellen. Wir nahmen uns in die Arme und schliefen ein.

Am Morgen, wie konnte es anderes sein, haben sie uns wieder mal gesucht.

Peter sagte: „Euch muss ich langsam an die Kette legen!"

„Wieso?", fragten wir.

„Hättet ja Bescheid sagen können, wir haben uns Sorgen gemacht! Kommt, wir müssen die Sachen packen. Wir wollen los."

Renate und Susanne machten noch etwas zu essen und Kaffee. „Wir fahren von hier aus gleich auf Arbeit."

Johann setzte uns an der Arbeitsstelle ab und sagte noch: „Wir sehen uns heute Abend."

„Ja", sagte Tanja, „bis heute Abend."

„Susi?" „Ja, Tanja?" „Sehen wir uns zum Essen heute Mittag?"

„Ja", sagte Tanja, „wir sehen uns in der kleinen Bar."

Wir küssten uns, und ich ging dann zur Arbeit und Tanja zur Hochschule.

Der Tag wollte nicht vergehen, aber endlich war es Feierabend. Ich ging zur Bushaltestelle, wo Tanja schon auf mich wartete. Auch Renate und Peter kamen, nur der Bus nicht. Endlich doch, nach einer halben Stunde Verspätung. Wir waren todmüde.

„Tanja?"

„Ja, Susi?" „Wir müssen uns erst mal ein bisschen hinlegen." „Wenn wir zu Hause sind, machen wir das. Wir gehen heute ein bisschen später runter."

Wir schliefen so fest, bis es an der Tür klopfte. Susanne stand vor der Tür. „Was ist denn, Susanne?" „Ich denke, ihr wolltet runterkommen?" „Ach, wir haben verschlafen."

Tanja sagte: „Komm Susi, wir gehen noch mal runter. Susanne, wir kommen gleich, wir machen uns bloß ein bisschen frisch." „Gut, ich gehe schon mal vor." „Ach Susanne, sag Klaus, er soll das Übliche für uns zwei machen: Rostbrätl mit vielen Zwiebeln und Pommes." „Ich werde es ausrichten."

Susanne ging runter ins Café. „He, Klaus, du sollst für unsere zwei Süßen das Übliche machen." „Ja, mache ich gleich."

Wir waren fertig und gingen los ins Café. Gerade, als wir ankamen, rief Klaus: „Euer Essen ist gleich fertig, geht heute aufs Haus." Wir fragten, warum. „Na, die vier haben gesagt, dass ihr drei Monate zusammen seid und das ist mein Geschenk für euch zwei."

„Danke, Klaus!", sagten wir.

Johann: „Habt ihr gut geschlafen?"

„Haben wir, aber jetzt wollen wir etwas essen!" Klaus brachte die Rostbrädel. „Na, lasst es euch schmecken."

Tanja fragte Klaus: „Weißt du nicht, wo eine Wohnung leersteht?"

„Wieso?"

„Wir brauchen eine mit zwei Zimmern." „Bei euch im Haus wird doch eine frei, wisst ihr das nicht?" „Nein, woher?"

„Doch, doch, geht mal auf die Gemeinde." „Machen wir, wir gehen gleich morgen."

„Danke!"

„Für was?" „Na, für den Tipp!" „Mache ich doch gerne für euch zwei!"

Wir waren an diesem Abend nicht lange im Café am Park. Nach einer Stunde gingen wir.

Susanne: „Wollt ihr schon gehen?"

„Ja, müssen noch etwas machen, aber morgen sehen wir uns ja, wir kommen." „Macht es gut, bis morgen."

Renate sagte: „Wir sind aber nicht da, wir sehen uns dann am Mittwoch."

„Gut, dann bis Mittwoch, Renate und Peter." Wir gingen nach Hause.

„Tanja, was machen wir jetzt?" „Susi, weißt du, was wir müssten? Mal Urlaub machen!" „Gute Idee." „Und wo?" „Lass uns das morgen besprechen. Komm, wir lassen uns ein Bad ein, Tanja." Oh ja, Susi, du bist so süß!" „Komm, wir wollen jetzt rein in die Wanne!

Tanja: „Machen wir Wasserspiele?"

Susi: „Das machen wir!"

In unserem Bad war immer mehr Wasser draußen, als in der Wanne. Nun ja, bei Wasserspielen ist das halt so. Das Wasser mussten wir hinterher aufwischen. Es war sehr lustig und wir hatten viel Spaß dabei.

„Komm Susi, gehen wir erst mal schlafen. Es ist schon sehr spät und wir müssen morgen zeitig aufstehen."

Die Nacht war so schnell vorbei. Wir waren noch alle beide so müde. Halb verschlafen kamen wir an der Bushaltestelle an. Die anderen waren schon da.

Susanne: „Ihr kommt aber spät! Kommt ihr zwei nicht aus dem Bett, oder was?!"

„Susanne, ist schon gut. Morgen kommen wir zeitiger, wenn wir es schaffen."

„Steht doch eher auf!"

„Machen wir doch schon, Susanne!"

„Ach, ihr könnt euch nicht trennen!"

„Genau, das ist es."

Johann: „Nun hört schon auf, der Bus kommt."

Susanne: „Sehen wir uns heute Abend?"

Tanja sagte: „Ja, klar."

„Na dann, bis heute Abend."

„Wir müssen aussteigen, Tanja."

„Ja. Susi, melde deinen Urlaub an."

„Für wann?"

„August. Und genau ab dem zehnten machen ich und du Urlaub, ich habe doch Ferien. Ja, drei Wochen. Bis heute Abend, Susi."

„Bis heute Abend, Tanja."

Wir gaben uns noch ein Küsschen und gingen los.

Den ganzen Tag habe ich bloß an meine Tanja gedacht. Endlich war es so weit, bis wir uns in die Arme nehmen konnten. „Susi, hast du den Urlaub bekommen?" „Habe ich, Tanja."

Da kamen auch schon die anderen. „Hallo, wie geht es euch zwei?" „Uns geht es gut, und euch? Aber steigt erst mal ein, sonst fährt der Bus ohne euch." „Was ist, ihr freut euch so?" „Wollen wir es ihnen sagen?"

„Ja, Susi."

„Wir fahren in den Urlaub!" „Na, das ist ja schön!", sagte Johann. „Und wohin?" „Das wissen wir noch nicht." „Wir sind da. Jetzt aber raus mit euch", sagte der Busfahrer. „Wir gehen schon."

Johann sagte: „Kommt ihr zwei?"

„Ja, wir kommen."

Johann sagte noch: „Peter und Renate sind heute nicht da." „Also bis heute Abend." „Ja, bis heute Abend, Susanne."

Tanja: „Wir müssen noch zur Gemeinde." „Das machen wir gleich."

Angekommen.

„Was sagen wir, Susi?" „Lass mich nur, ich mache das schon, Tanja."

„Was kann ich für euch zwei tun?" „Wir brauchen eine größere Wohnung." Die Frau schaute uns an. „Habe ich mir gedacht. Ja, Klaus hat mir das schon gesagt. Und ja, ihr bekommt eine, die unter euch. Sie wird frei, aber erst in vier Wochen. So lange müsst ihr noch warten. Wir machen aber den Mietvertrag schon fertig." Wir freuten uns so sehr! Ach, das war so schön! Wir wollten es gar nicht glauben. Wir unterschrieben den Mietvertrag, aber diesmal wir alle beide. Wir gingen damit nach Hause, waren ganz fröhlich.

Die Leute fragten uns: „Was habt ihr zwei?" „Wir bekommen eine größere Wohnung!"

„Na, das ist ja sehr schön." Sie waren alle so nett und freundlich und boten uns ihre Hilfe an. Sie sagten noch: „Ihr beide seid so süß, euch kann man doch nichts abschlagen, ihr seid immer hilfsbereit und fröhlich."

Endlich waren wir zu Hause. „Was machen wir jetzt? Wir haben noch fast zwei Stunden Zeit, Susi." „Tanja, wo wollen wir nun unseren Urlaub verbringen?"

Tanja: „Wo du willst!"

„Wie wäre es, wenn wir an die See fahren?" „Ich war noch nie da!" „Ja, dann fahren wir an die See! Nehmen wir das Auto oder den Zug?" „Was hältst du davon, wenn wir den Zug nehmen?" „Ja Susi, da haben wir schon Urlaub im Zug und haben für uns Zeit. Wir müssen uns jetzt fertig machen." „Ja, Tanja. Wir wollen es doch Johann und Susanne sagen. Komm, gehen wir runter."

„Na hallo, ihr seid ja heute schon so zeitig da."

„Ja, sind wir. Klaus, bringst du uns ein Bier und das Übliche zu essen?" „Mach ich gleich. Erst das Bier." „Danke, Klaus."

Susanne: „Was ist nun?"

„Was soll sein?“

„Wo geht es denn hin?“

„An die See!“

„Oh, das ist schön! Und wohin genau?“

„Ach, mal sehen, wo es uns gefällt, wir wollen doch viel sehen.“ „Und wann geht es los?“ „Am zehnten August mit dem Zug.“

„So, euer Essen, ihr zwei Süßen, lasst es euch schmecken.“ „Danke, Klaus.“

Johann: „Sollen wir mitkommen?“

„Wieso?“, fragten wir.

„Na, einer muss doch auf euch beide aufpassen!“

„Nee“, sagte Tanja, „diesmal nicht.“

„War doch nur Spaß!“

„Wissen wir doch, Johann. Aber wir wollen heute mal eher gehen, seid uns nicht böse.“

Susanne: „Böse mit euch? Nie!“

„Wir werden in einer halben Stunde gehen, wir müssen mal ausschlafen. Ach, noch etwas: Wir bekommen die Wohnung, wir haben schon den Mietvertrag. Klaus, danke noch mal.“

„Wofür?“

„Du weißt schon, für die Wohnung.“ „Ist schon gut, habe ich doch gerne getan.“ Wir tranken unser Bier aus und standen auf. „Macht es gut, Johann und Susanne, bis morgen.“ Wir gingen nach Hause.

„Susi, wir duschen schnell und gehen dann ins Bett.“ „Schnell? Tanja, das‚Schnell‘ geht bei uns doch nie! Das weißt du doch! Du weißt doch, wie lange wir brauchen.“ „Ja, weiß ich.“ „Komm jetzt, ab unter die Dusche.“ „Das Wasser ist ja kalt!“ „Kann nicht sein!“ „Doch, ist es!“ „Und was jetzt?“ „Macht nichts! Komm!“ „Komme ja schon!“

Wir beeilten uns, waren auch schnell fertig, trockneten uns ab. „Komm Tanja, lass uns noch ein Glas Wein trinken und dann ins Bett!“ „Machen wir, Susi.“ Wir tranken den Wein aus und gingen ins Bett. Wir schliefen schnell ein.

„Tanja! Schnell aufstehen!“ „Wieso?“ „Wir haben verschlafen! Es ist gleich acht!“ „Und jetzt?“ „Jetzt erst mal einen Kaffee und etwas essen! Wir müssen heute mit dem Auto fahren.“ „Na gut, aber wir lassen uns Zeit." „Ja wir lassen uns Zeit. Komm, Tanja, aber jetzt müssen wir los." Abends gingen wir runter ins Café. „He!", rief Susanne, „wo wart ihr heute Morgen?" Tanja: „Wir haben verschlafen." „Verschlafen?" „Ja, haben wir." „Konntet euch wohl nicht trennen?" „Doch, Susanne. Gegen acht wurden wir munter." Renate und Peter kamen. „Hallo, wie geht es euch?" „Gut. Und euch?" „Geht so." „Was geht so? Was nun? Ja, sagt schon!" „Peter muss zur Armee." „Wie das?" „Reserve, ein halbes Jahr." „Und wann?" „Im September!" „Das ist nicht gut!" „Sag ich doch!" „Aber die Zeit geht doch so schnell vorbei. Na kommt, reden wir von etwas anderem, Peter. Und ihr, Susi und Tanja?" „Wir fahren an die See." „An die See?", sagte Peter. „Ja, an die Ostsee." „Und wann geht es los?" „Anfang August."

Die Zeit verging so schnell, bis es so weit war: endlich Urlaub!

Unsere Freunde brachten uns zum Zug. „He, ihr zwei! Ihr scheint sehr aufgeregt zu sein!" „Oh ja, das sind wir! Ist ja unser erster Urlaub!" „Passt schön auf euch auf!" „Machen wir, Susanne." „Sind die zwei nicht goldig?" „Ja", sagten die anderen.

Peter: „Bei denen geht doch bestimmt etwas schief." „Was soll schon schiefgehen, Peter?" „Ich habe so ein Gefühl."

Der Zug kam. Wir verabschiedeten uns und stiegen in den Zug. „Und schreibt mal!" „Machen wir." „Wir müssen einmal umsteigen." „Ja, Tanja." „Das Abenteuer kann nun losgehen!" Aber wir wussten nicht, was auf uns zukommen würde. Nach fast zwei Stunden mussten wir umsteigen. „Susi, komm, wir müssen uns beeilen! Der Zug fährt auf Bahnsteig vierundzwanzig, wir sind auf Bahnsteig zwei." „Tanja, wir haben doch noch Zeit!" „Ja das schon." Wir hatten aber nicht gemerkt, dass unser Zug mit einer halben Stunde Verspätung angekommen war, und der andere war schon weg. Wir stiegen also in den Zug, der da stand. Es war leider der falsche. Wir waren zu beschäftigt und hatten die Durchsage nicht gehört.

Wir machten es uns gemütlich, schauten aus dem Fenster. Nun waren wir bestimmt schon eine Stunde unterwegs, als eine Stimme sagte: „Die Fahrkarten bitte!" Tanja gab sie ihm hin. Der Schaffner schaute auf den Fahrschein, runzelte die Stirn, sah uns an und dann wieder den Fahrschein. „Sie sind leider in den falschen Zug gestiegen“, meinte er. „Wieso?“, fragten wir ganz überrascht. „Dieser Zug fährt nicht nach Sassnitz?“ „Nein“, sagte der Schaffner. „Wo fährt er hin?“ „Nach Warschau!“ „Nach Polen?! Das fängt ja schon gut an!“ „Passen Sie mal auf, ich komme nachher noch mal zurück und mal sehen, was ich machen kann. Wir finden schon den richtigen Zug.“ „Danke.“ Der Schaffner setzte seine Kontrolle fort. Ich sagte: „Johann hatte recht.“ „Wieso, Tanja?“ „Als er fragte„sollen wir mitkommen?“‘ „Ach, das meinst du! Wir brauchen ja nichts zu sagen.“ „Hast recht, wir sagen nichts.“ „Ist doch lustig oder?“ „Oh ja, irgendwann kommen wir schon an, wir haben doch erst mit dem Urlaub angefangen.“

Nach einer Weile kam der Schaffner und setzte sich zu uns. „So, wollen wir mal schauen, wie Sie an Ihr Ziel kommen.“ Er schrieb uns die Züge raus, wir mussten noch zwei Mal umsteigen. „Passen Sie aber auf, Sie haben immer viel Zeit zum Umsteigen. Fragen Sie lieber, bevor Sie einsteigen.“ „Machen wir, schönen Dank!“

„Tanja, wir kommen in der Nacht an.“ „Macht nichts“, sagte sie, und wir nahmen uns in die Arme und küssten uns. Die Leute schauten ein bisschen komisch. Wir sagten zu ihnen: „Wir sind ein Paar. Ja, wir sind lesbisch und haben uns sehr lieb.“ Da sagte eine Frau gegenüber: „Ihr seid so offen, das gefällt mir, ihr steht dazu, sehr schön.“ Wir unterhielten uns noch sehr lange mit ihr.

„Susi, wir müssen uns fertig machen!“ Es dauerte nicht mehr lange und wir mussten bald darauf aussteigen und gingen zur Tür. Der Zug hielt nach kurzer Zeit und wir stiegen aus.

„Tanja, schau mal, was der Schaffner aufgeschrieben hat. Welchen Bahnsteig?“ „Auf die Drei, wir haben noch eine halbe Stunde, bis der Zug kommt.“ „Du, Tanja? Was werden unsere Freunde wohl gerade machen?“ „Sie sitzen bestimmt in einem Café!“ „Das kann sein, aber wir sagen nicht, dass wir in dem falschen Zug waren.“ „Machen wir nicht.“

„Tanja?“ „Was ist, Susi?“ „Der Zug kommt.“ „Ja, ich sehe ihn.“ „Wir fragen aber den Schaffner, da kommt er. Ist das der Zug nach Frankfurt?“ Er sagte: „Ja, das ist er.“

Wir hatten noch viel Zeit, wir stiegen ein und suchten uns einen schönen Platz. „Tanja?“ „Ja, Susi?“ „Komm, wir essen was, ich habe Hunger.“ „Ich auch.“

Es dauerte noch eine Weile, bis der Zug losfuhr. Nach einiger Zeit kam der Schaffner, wir zeigten ihm unsere Fahrscheine. „Oh, Sie haben ja einen schönen Umweg gemacht.“ „Ja, wir sind in einen falschen Zug eingestiegen!“ „Aber in Greifswald müssen Sie umsteigen.“ „Können Sie uns wecken?“ „Mach ich!“ „Wollen wir ein bisschen schlafen Tanja?“ „Das machen wir, Susi!“ Wir nahmen uns in die Arme und schliefen ein.

Wir müssen sehr fest geschlafen haben, der Schaffner weckte uns. „Sie müssen aufstehen, wir sind in einer halben Stunde da.“ „Danke!“ Er sagte noch, dass wir noch zwei Stunden Zeit haben würden. „Das macht nichts, noch mal vielen, vielen Dank!“

Der Zug fuhr in den Bahnhof ein und wir stiegen aus.

„Was machen wir jetzt, Tanja?“ „Wollen wir uns die Stadt ein bisschen anschauen?“ „Ja, aber wir dürfen nicht so weit weg, zwei Stunden sind schnell um.“ „Hast recht. Die Stadt können wir uns auch später anschauen, komm, lass uns zum Bahnsteig gehen.“ „Ja, machen wir!“ Wir setzten uns noch ein bisschen auf die Bank. Tanja sagte: „Ist das nicht schön, wir beide das erste Mal in Urlaub! Ja, Susi, das machen wir öfter.“ Wir freuten uns auf unseren schönen Urlaub.

„Tanja, ich glaube der Zug kommt.“ „Ja, das muss er sein, aber fragen tun wir lieber trotzdem.“ „Ja, das machen wir.“ Dann, zu einem Schaffner: „Ist das der Zug nach Sassnitz?“ „Ja, das ist er!“

Wir stiegen ein, jetzt war es nicht mehr weit, wir hatten es bald geschafft. „Ach Tanja, ich bin aber auch geschafft.“ „Ich auch, Susi. Wenn wir in unserem Hotel sind, schlafen wir erst mal richtig aus.“ „Das machen wir.“

Endlich, wir hatten es geschafft! Schnell aus dem Zug, es war schon nach vierundzwanzig Uhr. „Jetzt müssen wir sehen, dass wir ein Taxi bekommen. Schau, Tanja, da sind genug.“

Wir gingen zu dem Taxistand. „Wo wollen Sie denn hin?“ „Zum Hotel Sonnenblick.“

Der Taxifahrer packte unsere Sachen in den Kofferraum, wir stiegen ein. Nach zehn Minuten waren wir da, er sagte:

„Alles aussteigen! Wir sind da." Der Fahrer war sehr freundlich, gab uns unsere Sachen sagte: „Noch einen schönen Urlaub." „Danke!"

Wir gingen ins Hotel. „Einen schönen guten Abend, wir haben gebucht!" Wir sagten unsere Namen. „Ja, wir haben Sie schon erwartet." „Na ja, wir sind in den falschen Zug eingestiegen!" „Möchten Sie noch etwas essen?" „Willst du noch, Tanja?" „Ach, ich will bloß noch schlafen." „Na gut." Die Frau an der Rezeption gab uns die Schlüssel.

„Na komm, Tanja, gehen wir auf unser Zimmer." „Ja, Susi." „Das ist aber ein schönes Zimmer! Aber jetzt schnell ins Bett."

Wir nahmen uns in die Arme und schliefen ein.

Als wir wieder aufwachten, hatten wir unseren ersten Urlaubstag fast verschlafen.

„Susi, komm, wir müssen aufstehen, es ist schon spät." „Ich komme schon, Tanja. Schnell unter die Dusche." „Ja, aber ganz schnell!"

Als wir fertig waren, gingen wir runter in die Gaststube, wir hatten ja großen Hunger. Wir setzten uns hin, schon kam ein Kellner. „Sie wünschen?" „Was können Sie heute besonders empfehlen?" Ich kann Ihnen unsere Fischgerichte empfehlen." „Und was genau?" „Ich bringe mal die Karte!"

Es dauerte nicht lange, und der Kellner kam mit der Karte. „Komm, lass uns mal nachsehen, was es alles gibt!" „Susi, wollen wir den Seehecht nehmen?" „Ja, Tanja."

Der Kellner fragte: „Was darf ich bringen?" „Wir nehmen den Seehecht und einen guten Weißwein."

Es dauerte nicht lange und unser Essen kam. „Tanja, das Essen ist sehr gut." „Ja, das ist es."

Wir tranken noch unseren Wein und gingen, wir wollten uns mal die Stadt anschauen. „Komm lass uns zum Hafen gehen. Tanja, schau mal, die Riesenschiffe!" „Lass uns jetzt aber gehen, Susi." Wir schlenderten noch durch die Stadt, es war sehr schön hier. Die Leute schauten uns aber immer so komisch an, weil wir Arm in Arm gingen. „Was haben die bloß, Tanja?" „Ich weiß nicht, Susi, ist doch auch egal."

Am nächsten Tag, wir waren schon sehr zeitig aufgestanden, machten uns fertig und küssten uns noch zärtlich und gingen frühstücken. „Was machen wir heute? Gehen wir an den Strand, ja?“

Wir hatten sehr viel Spaß, legten uns in den schönen weißen Sand und hatten uns sehr lieb. „Susi?“ „Ja, Tanja?“ „Ich habe dich so sehr lieb, wir dürfen uns nie trennen.“ „Nein, das machen wir nicht, niemals! Wir werden alt, ja wir werden alle beide alt zusammen!“ „Nichts kann uns trennen.“ „Nein, nein, Tanja.“ „Wollen wir noch mal in die Weinstube gehen?“ „Gute Idee, Susi.“ Wir gingen los und kamen bald bei der Weinstube an. „Komm, lass uns reingehen.“

„Was nehmen wir?“ „Tanja, wie ist es, nehmen wir einen Eiswein?“ „Das ist eine gute Idee, Susi.“

In der Weinstube war es so richtig romantisch bei Kerzenschein und wir hatten eine schöne Kuschelecke. Wir waren bis Mitternacht in der Weinstube, hatten schon ein paar Flaschen getrunken und nüchtern, nüchtern waren wir beide nicht mehr, auf keinen Fall. Wie wir beide in unser Hotel kamen, wissen wir nicht. Wir hatten bloß am anderen Tag einen tüchtigen Kater.

„Tanja?“ „Ja, Susi?“ „Das können wir nicht mehr machen.“ „Nein, das war zu viel.“ „Aber es war doch sehr schön.“ „Ja, das war es. Komm, gehen wir erst mal unter die Dusche!“ „Machen wir.“

Wir seiften uns gegenseitig ein und hatten uns sehr lieb dabei. Nach einer halben Stunde waren wir fertig und zogen uns an und gingen nach unten essen.

„Was machen wir heute? Wollen wir mal nach Rostock fahren?“ „Machen wir, aber da bleiben wir einen oder zwei Tage, wir sagen bloß im Hotel Bescheid, dass wir nicht da sind. Tanja, holst du unsere Sachen? Und ich sage, dass wir nach Rostock fahren.“ „Ja, Susi, frag noch, wann ein Zug fährt oder ein Bus.“ „Das mache ich!“

An der Rezeption fragte ich: „Können Sie uns sagen, wann ein Bus oder ein Zug nach Rostock fährt?“ „Der Bus fährt in einer Stunde, der Zug in zwanzig Minuten.“ „Können Sie bitte ein Taxi rufen? Wir fahren mit dem Zug.“

Tanja kam auch gerade runter. „Tanja, wir fahren mit dem Zug, das Taxi muss gleich da sein." Wir gaben unseren Schlüssel ab und gingen nach draußen. Da kam unser Taxi. „Ach, Sie zwei sind das ja." Es war der gleiche Fahrer, der uns ins Hotel gefahren hatte. Er fragte uns: „Sind Sie ein Paar?" „Wieso?" „Weil ich Sie öfter in der Stadt gesehen habe, Arm in Arm." „Ja, sind wir." „Finde ich gut, ja, Sie sind so nett alle beide und richtig süß!"

Angekommen am Bahnhof stiegen wir aus und gaben dem Taxifahrer das Geld. „Das ist zu viel." „Ist schon gut", sagte Tanja. Er gab uns noch seine Visitenkarte und sagte: „Wenn Sie ein Taxi brauchen, rufen Sie an." „Ja, das machen wir."

Wir gingen zum Fahrkartenschalter und holten unseren Fahrschein, aber wir mussten nicht lange warten, bis der Zug kam.

„Weißt du was, Susi?" „Nein, Tanja?" „Wir müssen noch unseren Freunden schreiben!" „Das machen wir gleich, wenn wir in Rostock sind!" „Aber erst mal ein Hotel suchen, oder willst du draußen schlafen?" „Nein, Tanja, will ich nicht. Und du bestimmt auch nicht. Auf keinen Fall."

Wir fanden ein kleines und schönes Hotel, gingen rein und fragten nach einem Zimmer. „Ja, haben wir!" „Es ist noch was frei mit Dusche oder Wanne, Tanja!" „Mit Dusche reicht." „Und wie lange?" „Zwei Tage müssten reichen." Wir bekamen die Schlüssel. „Komm, schauen wir mal, wie das Zimmer ist." „Es ist sehr schön, oder was sagst du, Susi?" „Ja, es ist sehr schön, Tanja. Jetzt gehen wir erst mal was essen und anschließend holen wir paar Ansichtskarten." Wir liefen durch die Stadt. „Hier ist ein Jahrmarkt! Komm, Tanja, gehen wir mal hin." „Machen wir, Susi." „Schau, da ist eine Schießbude, komm, lass uns mal schießen." „Ich kann das nicht, Susi." „Gut, aber wollen wir es denn mal zeigen, dass Frauen das auch können?" „Meinst du, du kannst das, Susi?" „Ja wirst schon sehen!" „Wir nehmen dreißig Schuss."

Die Männer sagten: „Na, zeig mal, was du kannst", und machten Platz. „Die Kleine kann das aber, sie hat nicht einmal daneben geschossen." „Such dir was aus, Tanja. Was möchtest du?" „Den Elefanten." „Sie bekam den Elefanten und sagte: „Danke, Susi" und gab mir einen Kuss. Wir gingen weiter, fuhren noch Achterbahn und Riesenrad. Wir hatten so viel Spaß dabei. „Aber jetzt müssen wir die Karten schreiben. Wollen wir in die Eisdiele, da haben wir unsere Ruhe und essen noch ein Eis?" „Gute Idee, Tanja."

Die Zeit verging so schnell. „Susi, wir haben nur noch eine Woche, wollen wir sie am Strand verbringen?" Das machen wir!" Wir gingen noch viel schwimmen, sammelten Muscheln und hatten sehr viel Spaß dabei. Jetzt kam die Zeit, wo wir unsere Sachen packen mussten. „Susi, das war doch sehr schön hier." „Das war es, Tanja."

Am anderen Tag nahmen wir unsere Sachen und gingen nach unten. Wir gaben die Schlüssel ab. „Sollen wir ein Taxi rufen?" „Ja aber nur dieses", und wir gaben die Telefonnummer weiter. „Machen wir, mal sehen, ob er heute fährt!" „Das macht er schon für uns", sagen wir zwei Mädels. „Er weiß Bescheid."

Er kam auch, holte unsere Sachen und sagte: „Hat es Ihnen bei uns an der See gefallen?" „Ja, es war wunderschön! Wir kommen wieder." „Ja, das machen wir, Tanja, wir kommen auf jeden Fall wieder." Und wir gingen. Die Hotelangestellte sagte: „Für Sie zwei haben wir immer ein Zimmer, Sie sind so lieb, so süß, alle beide."

Jetzt ging es zum Bahnhof, uns war so schwer ums Herz aber es half nichts. Der Taxifahrer sagte: „Wenn Sie wieder da sind rufen Sie mich gerne an." „Ja, das machen wir!"

Wir wollten ihm das Geld geben. „Kommen Sie, lassen Sie es stecken." Wir sagten Danke und umarmten ihn. Er sagte: „Schreiben Sie mal, wie Sie nach Hause gekommen sind." „Machen wir." „Die Adresse haben Sie ja! Und jetzt machen Sie schon, der Zug wartet nicht."

Jetzt ging es in Richtung Heimat, aber diesmal saßen wir in dem richtigen Zug. Nach zehn Stunden kamen wir an, es war kurz vor zweiundzwanzig Uhr.

Johann stand schon auf dem Bahnsteig. „Na, wie war es?" „Es war wunderschön, Johann." „Na, wenn es euch gefallen hat." „Ja sehr, Johann!"

„Und was gibt es hier Neues?" „Ihr könnt in eure neue Wohnung, wir haben sie schon hergerichtet und eure Möbel runtergestellt." „Ihr seid alle so lieb zu uns."

Endlich zu Hause! Die anderen haben schon auf uns gewartet in unserer neuen Wohnung und hatten noch eine Überraschung für uns. Johann hatte aber nichts gesagt, sie hatten die Wohnung so liebevoll hergerichtet! „Wir dachten, damit ihr nicht auf eurem Sofa schlafen müsst, haben wir uns alle was ausgedacht, auch Klaus," und unsere Freunde zeigten uns unser neues Schlafzimmer. Es war wundervoll!

„Wir haben alle zusammengelegt. Es ist ein Geschenk, weil ihr beide uns ans Herz gewachsen seid. Wir wollen euch nicht mehr missen!"

„Und jetzt werden wir erst mal anstoßen. Auf euch, Tanja und Susi, ihr bringt uns immer so viel Freude, ihr seid alle beide immer so herzlich und lieb, was sollen wir sagen, nichts! Wir werden gleich gehen, viel Spaß in eurem neuen Heim." „Vielen, vielen Dank, ihr seid die besten Freunde, die man haben kann!" „So, schlaft schön und träumt was Schönes, bis morgen. Ach, noch was, wir haben für euch noch ein bisschen eingekauft. Ihr müsst ja was essen. So, bis morgen!"

„So schön ist die Wohnung, Susi!" „Das ist sie, Tanja." „Komm, wir gehen schlafen, los, ab in Bett." „Das ist so schon und das Bett ist in einem Stück, Tanja, jetzt haben wir eine richtige Spielwiese!" „Eine Spielwiese!?" „Ja, Tanja. Lass uns aber erst mal schlafen." Wir kuschelten noch ein bisschen und schliefen ein.

Am nächsten Morgen, es war gegen zehn, wurden wir munter. Wir konnten es noch nicht glauben. „Komm, Susi, wir wollen erst mal duschen, ich mache schnell noch den Kaffee." „Tanja, dann komme ich." „Susi, wir essen schnell." „Was hast du vor?" „Schau mal, wir kennen uns schon so lange, wie wäre es, wenn wir uns verloben." „Ja, das machen wir."

Wir fuhren in die Stadt und kauften uns ein Paar Ringe. „Die Ringe sind aber schön, Tanja." „Ja, das sind sie, Susi."

„Lass uns jetzt zurückfahren."

„Schau, Klaus ist da, komm, wir bedanken uns!" Das machen wir und sagen ihm, dass wir uns heute verloben wollten, aber er sollte den anderen nichts sagen.

„Hallo Klaus, wir müssen dir was sagen!"

„Was habt ihr zwei denn?" „Wir wollen uns heute verloben, sag aber den anderen nichts!"

„Und habt ihr noch was auf den Herzen, Susi und Tanja?" „Ja, Klaus!"

„Klaus, mach mal was Schönes für uns alle zu essen für heute Abend. Und auf den Tisch vielleicht ein paar schöne Blumen."

„Wisst ihr, ich hänge noch ein Schild draußen dran ‚Geschlossene Gesellschaft'!"

„Danke, Klaus!"

„Jetzt gehen wir erst mal, bis heute Abend."

Tanja: „Klaus ist immer so nett." „Ja, das ist er. Und was machen wir jetzt noch?" „Wir müssen erst mal aufräumen!" „Ja, und dann, dann gehen wir in den Park." „Ja, das machen wir."

Als wir fertig waren, gingen wir los. „Es ist so wunderschön mit dir, Susi." „Mit dir auch, Tanja!" „Lass uns den Tag genießen, es ist so schön, es ist so ein wunderschöner Tag."

Wir tobten herum, als wenn wir uns erst kennengelernt hätten, wir fielen uns in die Arme und küssten uns so leidenschaftlich, wir ließen uns einfach auf der Wiese fallen, wir waren so glücklich.

„Aber wir müssen jetzt los, du weißt doch, Susi, wir werden sonst nicht rechtzeitig fertig." „Da hast du recht, Tanja!" „Susi, was hast du?" „Mit deinen zerzausten Haaren du bist so …" „Na was, sag schon!" „Du bist wunderschön, ich könnte mich jeden Tag neu in dich verlieben." „Mach es doch, mach es doch, komm Susi, aber ich gebe das Kompliment gern zurück."

Wir gingen nach Hause. Die Nachbarn, die mit im Haus wohnen, und die Leute in der Straße sagten: „Ihr seht immer so glücklich aus." „Ja, das sind wir auch, wir sind so glücklich."

„Aber wir müssen jetzt schnell nach Hause und uns fertig machen. Noch duschen."

„Susi?" „Ja, Tanja?" „Die anderen werden auch bald da sein. So schnell waren wir noch nie", und wir gingen runter.

Sie sagten: „Ihr seht ja heute schnuckelig aus!" „Nee, wie immer, kann nicht sein", sagte Susanne, „aber wir kommen nicht rein." „Wieso?"

„Geschlossene Gesellschaft." „Na sowas", sagte Tanja, und wir lachten.

„Was habt ihr?" „Nichts, was sollen wir haben?" Da kam auch schon Klaus. „Wollt ihr nicht reinkommen? Aber was ist, na kommt schon!"

„Susi, Tanja, habt ihr was damit zu tun?" „Wir?"

„Ja, ihr?"

„Also gut, ja, wir haben damit was zu tun. Na kommt, setzt euch, wir müssen euch was sagen. Renate, Susanne, Johann und Peter, ihr seid unsere besten Freunde." „Na, was habt ihr?" „Wir werden uns heute verloben und das müssen wir feiern."

„Ach, das ist ja so schön", sagten alle.

„Klaus, hast du alles fertig?" „Habe ich."

Wir steckten uns die Ringe an und gelobten, uns immer zu lieben und immer zusammenzuhalten.

„Lasst uns das jetzt feiern", sagte Klaus.

Johann sagte: „Werdet glücklich." „Johann, das sind wir doch schon. Wir sind überglücklich", und wir küssten uns.

Wir feierten bis früh. Es war so schön. Dann sagte ich: „Ihr könnt noch hierbleiben. Aber ich nehme jetzt meine Tanja und gehe."

„Susi, Tanja, ihr habt uns so eine große Freude gemacht!"

Wir gingen nach Hause. „Was machen wir jetzt, Tanja, wollen wir unsere Wasserspiele machen?" „Oh ja, Susi, die sind immer so schön."

Nach über einer Stunde gingen wir aus der Wanne. „Machen wir weiter?" „Na klar, Susi, komm schnell ins Bett." Freilich wir machten weiter, wo wir aufgehört hatten. Wir schliefen aber bald ein. Und ich hatte meine Tanja im Arm.

Die Zeit verging, es kam der Winter, schon sehr zeitig, und es gab sehr viel Schnee.

Wir gingen viel raus und hatten sehr viel Spaß, oft tummelten wir uns im weißen Schnee. Wir trafen uns mit unseren

Freunden, machten Schlittenfahrten, wetteten, wer zuerst den Berg unten war, meistens hielten wir an der Bushaltestelle, wo wir einen Kasten Bier stehen hatten.

Langsam kam die Weihnachtszeit. „Susi, was machen wir zu Weihnachten?“ „Wie meinst du das, Tanja?“ „Feiern wir mit unseren Freunden?“ „Ja, das machen wir, Tanja, sie dürfen doch nicht fehlen!“

„Peter kommt auch auf Urlaub, Renate hat das gesagt.“

„Wollen wir noch mal runtergehen ins Café?“ „Das machen wir, komm Susi, komm, ziehen wir uns an, vielleicht ist von unseren Freunden schon einer da.“

Dann, im Café: „Tanja, es ist noch keiner da!“

„Klaus, was ist heute, ist alles so leer.“ „Na, ihr seid ja so zeitig.“ „Lass uns erst mal was trinken, sie werden schon kommen, Susi.“

Es hat auch nicht lange gedauert, schon kamen sie. „He, ihr seid schon da.“ „Ja, das sind wir, wir haben auf euch gewartet.“ „Wieso?“ „Na, wieso schon. Hört mal, was machen wir zu Weihnachten? Susi und ich haben gedacht, ihr kommt an Heiligabend zu uns!“

„Ja, wir kommen zu euch, aber über die Feiertage müsst ihr zu uns kommen.“ „Machen wir.“ „Johann, wir brauchen noch einen Baum, kannst du uns einen besorgen?“ „Mache ich.“

Die Zeit verging und Weihnachten kam immer näher.

Endlich war es Weihnachten. Wir schmückten liebevoll unseren Weihnachtsbaum. Wir freuten uns wie die kleinen Kinder, es war so schön. „Komm, Susi, lass uns den Salat machen.“ „Ja, Tanja, aber du musst die Zwiebel schneiden.“ „Ja, ja, immer ich.“ „Ach, meine arme Tanja, aber einer muss sie doch schneiden! Du weißt, ich weine doch immer dabei, bitte.“ „Ich mache es schon, meine Süße. Ich will doch nicht, dass du weinst!“

„Danke, mein Engel.“

„Wir müssen uns beeilen, unsere Freunde kommen bald.“

„Susi, gehen wir heute Abend in die Kirche?“ „Ja, Tanja, wir gehen!“

Geschenke hatten wir keine großen gemacht, wir hatten uns, das war das größte Geschenk und wir küssten uns ganz liebevoll!

Das Essen war fertig.

„Komm, Tanja, wir müssen uns auch fertig machen, sie sind bald da!"

„Ja, Susi!"

Es dauerte nicht lange und es klopfte an der Tür. „Na, ihr zwei, wie geht es euch?" „Na wie schon, gut wie immer." „Das sieht man auch, brauchen gar nicht mehr zu fragen, nee." „Wir sind so glücklich." Johann fragte: „Warum denn, Tanja?" „Es war so schön, dass Susi hierher kam und noch gesagt hat, ‚versuchen wir es zusammen.' Wir haben uns so lieb, ich will sie nicht mehr loslassen!" „Brauchst du ja auch nicht, Tanja. Wir haben für euch was!" „Sollt ihr doch nicht, das schönste Geschenk seid ihr alle. Obwohl wir lesbisch sind, seid ihr immer gut zu uns." „Warum sollten wir das nicht? Bloß weil ihr lesbisch seid, was ist schon dabei!" „Wenn ihr nicht da seid, fehlt uns was." „Was denn, sagt schon, was, na sagt es schon." „Eure Fröhlichkeit, eure Liebe und Ausgeglichenheit. Wenn man euch sieht, kann man denken, ihr seid frisch verliebt." „Sind wir doch auch, wisst ihr das nicht!?" „Wir verlieben uns jeden Tag aufs Neue." „Lasst uns endlich essen, na kommt schon. Wir wollen doch noch in die Kirche. Ihr kommt doch mit?" „Ja wir kommen mit!"

Der Abend war sehr schön, wir sangen Weihnachtslieder. Peter spielte auf seiner Gitarre, später gingen wir noch raus. Es fing an zu schneien. Wir bauten einen, nein drei Schneemänner, machten eine ausgelassene Schneeballschlacht und hatten so viel Spaß dabei.

„Kommt, wir gehen rein, oder wollt ihr noch draußen bleiben?" „Nee, wollen wir nicht, Susi!" „Wir machen uns erst mal einen Glühwein, der wärmt auf." „Gute Idee!"

Wir saßen bis früh, bis Susanne, Renate, Peter und Johann sagten: „Wir müssen jetzt gehen." Renate und Peter sagten noch: „Aber heute kommt ihr zu uns!" „Machen wir! Aber vor vierzehn Uhr wird es nichts." „Wir müssen doch noch ein bisschen schlafen." „Ist schon gut. Johann, Susanne, bringt ihr unsere zwei mit? Sonst verschlafen sie noch Weihnachten." „Machen wir. Also bis heute um vierzehn Uhr!" „Ja."

„Was machen wir jetzt, Tanja? „Susi, wollen wir schnell unter die Dusche?" „Ja." Ich nahm meine Tanja und umarmte sie und wir ließen das Wasser auf uns herab rieseln. „Ach, ist das schön mit dir, aber jetzt müssen wir ins Bett." „Und dann, Tanja, wollen wir doch noch na du weißt schon!" „Uns noch liebhaben." Aber nicht lange, dann schliefen wir ein.

„Susi, komm steh auf, es ist schon sehr spät." „Was ist?" „Wir wollten doch zu Peter und Renate." „Lass uns noch ein bisschen kuscheln, wir haben doch noch Zeit!"

Tanja strich mir sanft übers Haar und sagte ganz, ganz leise: „Ich liebe dich so sehr, Susi." „Ich habe dich auch so sehr lieb, meine kleine Tanja! So sehr, dass ich es nicht beschreiben kann, mein Engel. Mit dir ist jeder Tag so schön, unbeschreiblich schön." „Komm, wir müssen aber jetzt aufstehen, sonst sind Johann und Susanne da und wir liegen noch in Bett." „Macht auch nichts, aber wir wollen doch noch in Ruhe frühstücken!" „Eher Mittag." „Na gut, hast recht, aber lass uns unsere Plätzchen essen, die wir mit viel Liebe zusammen gemacht haben, sind ja unsere ersten."

Wenig später kamen Johann und Susanne. „Wollt ihr auch mal von unseren Plätzchen kosten?" „Freilich, machen wir. Oh, die sind ja sehr gut." „Danke!" „Macht euch aber jetzt fertig, wir müssen los, kommt schon, na kommt, ihr zwei. Peter und Renate warten. Und das Essen wird auch kalt." „Wir kommen doch schon."

Zehn Minuten später waren wir da.

„Hallo Peter, hallo Renate, ein schönes Weihnachtsfest!" „Das wünschen wir euch auch!" „Aber jetzt wollen wir erst mal essen. Oh, das sieht aber gut aus!"

Es war ein sehr schöner Tag. Nach dem Mittagessen gingen wir noch ein Stück durch den Wald, es sah so herrlich aus mit den verschneiten Bäumen, so romantisch.

„Komm, Tanja, wir laufen schnell vorneweg." „Machen wir, Susi!" „Wo wollt ihr so schnell hin?" „Fangt uns doch, wir sind doch schneller."

Wir hatten noch so viel Spaß. Ein Wintertraum wie im Märchen.

Susanne fragte: „Und was machen wir an Silvester?“ „Na was schon, da gehen wir ins Café! Aber jetzt geht es erst mal nach Hause, wir sehen uns heute Abend ja.“

Die Zeit verging, wir waren jetzt schon zehn Jahre zusammen und liebten uns wie am ersten Tag.

„Komm, Tanja, lass uns in Café gehen, unsere Freunde werden schon da sein.“ „Ja, das machen wir, Susi!“

Kaum waren wir drin, riefen sie: „Alles Gute zu eurem zehnten Jahrestag!“ Wir waren so überrascht, wussten nicht, was wir sagen sollten. „Na, was ist, hat es euch die Sprache verschlagen? Das ist ja was ganz Neues bei euch beiden.“ „Ihr habt es nicht vergessen?“ „Ja, wir haben es nicht vergessen, wie ihr euch kennengelernt habt!“ „Es war sehr lustig Susi, du und deine Tanja, und jetzt seid ihr immer noch so verliebt wie am ersten Tag.“ „Ja, das sind wir und werden es immer sein.“ „Ihr habt euch nie gestritten.“ „Warum sollen wir uns streiten? Wir haben uns doch sehr lieb.“

Die Zeit verging. Jahr für Jahr, wir waren so glücklich. „Jetzt sind wir fünfzehn Jahre zusammen und lieben uns immer noch wie am ersten Tag.“

„Komm Tanja, lass uns das feiern mit unseren Freunden.“ „Das machen wir, Susi.“

Dann sagte sie: „Susi, mir geht es nicht gut.“ „Was hast du, Tanja?“ „Ich weiß nicht.“ „Komm, leg dich ein bisschen hin. Du, ich gehe mal schnell ins Café und sage Bescheid.“ „Bleib bitte nicht so lange.“ „Nein, ich bin gleich wieder da.“

Ich rannte so schnell ich konnte runter ins Café.

„Johann, Johann!“ „Was hast du, Susi?“

„Tanja, Tanja geht es sehr schlecht.“ „Sie kamen alle gleich mit. „Peter, ruf mal an, wir brauchen einen Arzt!“

Es dauerte nicht lange, da kam der Rettungswagen. Der Arzt sagte: „Wir müssen sie mitnehmen. Ich weiß nicht, was sie hat, sie muss in Krankenhaus.“

Tanja sagte: „Aber nicht ohne meine Susi!" „Der Arzt fragte: „Wieso nicht? Ohne meine Susi, was heißt das?" „Wissen Sie, Tanja und Susi sind ein Paar seit fünfzehn Jahren und unzertrennlich." „Na komm schon, Susi, wir nehmen dich mit, damit du bei deiner Tanja bist."

Nach zwanzig Minuten waren wir im Krankenhaus, unsere Freunde kamen nach, ich musste draußen warten.

„Was ist, Susi?" „Ich weiß es nicht, Tanja wird noch untersucht, wir müssen warten."

Endlich kam ein Arzt. Er fragte: „Wer ist Susi?" „Das bin ich." „Komm en Sie mal mit." Dann sagte er mir: „Tanja ist sehr krank." „Wie?" „Sie hat Leukämie." „Aber Tanja wird doch wieder gesund?"

Er sagte eine Weile nichts, schaute mich bloß an.

„Was ist, sie wird doch wieder gesund?"

„Wir müssen noch mehr Untersuchungen machen, Sie können aber zu ihr."

Ich ging raus, wo unsere Freunde schon warteten. „Was ist, was ist mit Tanja?" Ich sagte: „Meine Tanja ist sehr krank!"

„Was hat sie? Kommt, gehen wir erst mal zu ihr."

Wir gingen in ihr Zimmer. Ich sagte: „Hallo, meine Süße", gab ihr einen Kuss und streichelte sie ganz sanft und sagte: „Meine Tanja, meine Tanja." „Was habt ihr?", fragte Tanja. „Du bist sehr krank, du musst erst mal hier bleiben." „Weiß ich doch schon!"

Unsere Freunde waren noch lange bei ihr, doch schließlich verabschiedeten sich Johann, Peter, Susanne und Renate: „Wir kommen morgen wieder." Ich blieb, ich blieb bei meiner Tanja. „Ich lasse dich doch nicht allein hier, Tanja, wir gehören doch zusammen." Ich setzte mich auf ihr Bett und streichelte sie.

„Susi du bist so lieb." Ich nahm ihre Hand und hielt sie ganz fest. „Tanja, ich lasse dich doch nicht allein." „Das weiß ich doch, Susi."

Am späten Abend kam der Arzt noch mal. „Sie müssen jetzt gehen!" „Nein, ich gehe nicht, ich bleibe bei meiner Tanja, Tanja braucht mich. Wir waren immer zusammen und nie getrennt, uns kann nichts trennen, nein, das kann es nicht sein!"

„Na gut, aber Sie müssen was essen." „Nur mit Tanja!" „Sie sind aber stur." „Ja, das bin ich."

„Ich lasse was in der Küche zurechtmachen. Kann Tanja alles essen?" „Ja, kann sie."

Es dauerte nicht lange und wir bekamen was zu essen.

„Susi?" „Ja, Tanja?" „Ich muss jetzt ein bisschen schlafen, ich bin so müde."

„Schlaf nur, Tanja! Ich bin bei dir." Ich deckte sie noch zu und setzte mich auf den Stuhl, schlief aber nach kurzer Zeit ein.

Am Morgen kam eine Schwester. Sie fragte: „Was machen Sie noch hier?"

„Was wohl, ich bleibe bei meiner Tanja."

Kurze Zeit später kam der Arzt. „Geht schon in Ordnung, die zwei gehören zusammen und keiner kann sie trennen."

Beide gingen raus und ich hörte, wie die Schwester sagte: „Wir brauchen das andere Bett." „Wir müssen uns was einfallen lassen", sagte der Arzt. „Aber wir haben doch noch das Privatzimmer." „Aber das müssen sie doch selbst zahlen, bis auf die Behandlung. Ich werde mit den beiden sprechen, gleich nach der Visite."

Kurz vor Mittag kam der Arzt und sagte: „Das andere Bett wird heute belegt und Susi kann nicht die ganze Zeit hier bleiben!"

„Ich kann doch nicht meine Tanja alleine lassen, nein, das geht nicht."

„Lassen Sie mich erst mal ausreden, wir haben ein Privatzimmer, aber das müssten Sie selbst bezahlen und wir würden noch ein Bett reinstellen." „Und was müssten wir bezahlen?" „Nun, da muss ich nachfragen. Ich komme gleich wieder."

Nach kurzer Zeit kam der Arzt. „Also, für eine Woche müssten Sie ca. fünftausend Euro bezahlen, können Sie das?" „Ja, das können wir." „Gut, ich lasse das Zimmer gleich fertig machen. Und Sie kommen bitte mal mit, damit wir das schriftlich machen können und die Bezahlung regeln."

Eine Stunde später konnten wir in das Zimmer. „So, meine Tanja, ich habe doch gesagt, ich lasse dich nicht alleine, wir gehören doch zusammen und werden immer zusammen bleiben!"

Als unsere Freunde kamen, suchten sie uns. Wir waren ja nicht mehr im alten Zimmer. „Na sagt mal, was ist denn das?" „Ach, ich will doch bei meiner Tanja sein. Aber wir müssen das selbst bezahlen. Wisst ihr was, was sollen wir mit dem Geld, wenn wir getrennt sind." „Das verstehen wir. Aber passt mal auf, wir helfen euch auch, wenn ihr Geld braucht, wir geben es euch sehr gerne." „Wir danken euch sehr."

Die Schwester kam rein und sagte: „Ja, die zwei bekommt man wirklich nicht auseinander. Wir haben so was noch nie erlebt. Aber Tanja, Sie bekommen jetzt eine Chemotherapie, der Arzt macht das selbst." „Ist das schlimm?", fragte sie. „Ach Tanja, deine Susi ist doch da." „Ja, das ist sie."

Nach einiger Zeit ging es Tanja besser und sie konnte auch mal nach Hause. „Susi, ist das schön, endlich zu Hause." „Tanja, ich mache uns mal was zu essen." „Ja, mach das. Kann ich dir helfen?" „Nein, geht schon. Schone dich, du brauchst Ruhe, mein süßer Engel." „Susi, du bist so lieb, komm wir essen im Bett, wie früher." „Ja, das haben wir so oft gemacht." Sie strich mir übers Haar, und wir küssten uns. Es war so schön, ich mit meiner Tanja zu Hause. „Gehen wir morgen mal ins Café?" „Ja, das machen wir. Jetzt werden wir erst mal schlafen", sagte ich, nahm Tanja in die Arme und habe sie nicht mehr losgelassen.

Nach einer Woche musste sie wieder in Krankenhaus, sie bekam die nächste Chemotherapie. Nach ein paar Tagen holte der Arzt mich zu sich.

„Was ist?", fragte ich. „Die Chemotherapie schlägt nicht an!"

„Wieso? Es ging ihr doch schon besser. „Wir wissen es nicht, und jetzt …" „Was jetzt, sagen Sie schon."

„Wir haben noch eine Möglichkeit, wir brauchen einen Spender!"

„Was für einen Spender?" „Einen Knochenmarkspender, und das ist nicht einfach!"

„Kann ich nicht einfach spenden?" „Wir müssen sehen, ob Sie geeignet sind."

Ich rief unsere Freunde an und sagte es ihnen. „Wir kommen nachher, wir lassen uns auch testen", boten alle an.

Nach ein paar Tagen kam der Arzt und sagte, dass keiner infrage kam.

„Und jetzt?"

„Wir müssen warten, bis wir einen Spender gefunden haben."

„Aber meine Tanja kann nicht so lange warten, ihr geht es nicht gut."

Ich rief Johann an. „Johann, kommst du bitte?" „Was ist?" „Wir holen Tanja nach Hause. Sie kann auch zu Hause auf einen Spender warten." Ich sagte dem Arzt, dass ich meine Tanja mit nach Hause nehmen würde, er gab mir noch Medikamente mit.

Auch Johann war schon bei Tanja. „Komm, Tanja, wir gehen nach Hause!"

Der Arzt sagte noch: „Sowie wir einen Spender haben, schicken wir sofort einen Krankenwagen."

Wir fuhren mit Tanja nach Hause.

„Susi ich habe dich sehr lieb!"

„Ich hab dich auch sehr, sehr lieb, meine Tanja. Es wird schon wieder."

Unsere Freunde waren jeden Tag bei uns, wir hatten noch eine sehr schöne Zeit.

„Susi, Susi!"

„Was ist, Tanja?"

„Susi, komm bitte."

„Ich bin doch da!" Ich nahm meine Tanja in die Arme. „Lass mich nicht los." „Nein, Tanja, ich lasse dich nicht los." „Susi, vergiss mich nicht!"

„Warum soll ich dich vergessen? Wir bleiben doch für immer zusammen!"

„Susi, ich muss jetzt gehen."

„Was sagst du da?"

„Ja, Susi, ich werde aber auf dich aufpassen, wenn ich da oben bin!"

„Was redest du, Tanja? Was ist, Tanja, was?"

„Susi, es war eine sehr schöne Zeit mit dir! Ich hatte großes Glück, dass wir uns getroffen haben. Du warst immer so lieb zu mir, ich wollte auch, dass wir zusammen alt werden, das war immer mein Traum!"

„Tanja, du bist doch immer lieb zu mir, bleib doch, du darfst nicht von mir gehen! Es wird doch alles wieder gut. Was soll ich denn ohne dich machen, Tanja! Wir lieben uns doch so sehr. Warum, warum, bleib bitte, bitte Tanja, wir finden einen Weg."

„Susi, es ist zu spät, es kann mir keiner mehr helfen. Meine Zeit ist um, Susi! Das Schicksal will es so." „Nein, Tanja, das kann es nicht und darf nicht sein!"

„Und höre mir zu, du darfst nicht alleine bleiben! Bitte, bitte, Susi, bleib nicht alleine! Du darfst nicht alleine bleiben! Wenn du irgendwann eine Frau findest, und die hat dich genauso lieb, wie ich dich habe, halt sie fest und habe sie so lieb, wie du mich lieb hast, versprich es mir."

„Aber ich will doch keine andere! Ich will dich doch und das weißt du, wir gehören zusammen. Ach, meine Tanja, ich habe dich doch so sehr lieb!"

„Das weiß ich doch, Susi! Und darum sollst du nicht alleine bleiben. Susi, du sollst nicht alleine bleiben, also versprich es mir."

„Das mache ich, Tanja, das mache ich."

Johann, was ist? Warum sagt Tanja nichts mehr? Warum?"

„Tanja ist von uns gegangen. Komm, Susi." „Nein, Johann, das kann nicht sein. Ich lasse meine Tanja nicht los, nein, ich lasse sie nicht los."

Ich weinte. „Meine Tanja, warum hast du mich verlassen? Wir wollten doch alt zusammen werden, warum?"

Wir legten Tanja aufs Bett, sie sah so friedlich aus, als ob sie schlief. Ich gab ihr einen Kuss und hielt ihre Hand.

Johann, Peter, Susanne und Renate blieben bei mir. „Wir lassen dich doch jetzt nicht allein, Susi, wir werden dich nie alleine lassen."

Ich saß bei meiner Tanja und weinte die ganze Nacht und hielt sie ganz fest. „Warum lässt du mich so allein, ich habe dich doch so lieb."

Johann kam rein. „Komm, Susi, sie kann dich nicht hören.“ „Doch, kann sie, Johann, sie schläft doch bloß!“ „Nein, sie ist von uns gegangen. Da, wo sie jetzt ist, geht es ihr gut und sie muss nicht leiden. Und du musst was essen.“ „Nein, ich will bei meiner Tanja sein.“

„Peter, ruf mal einen Arzt an. Susi braucht jetzt Hilfe, wir können das nicht allein machen, sie kommt nicht von ihrer Tanja los.“

Der Arzt kam auch ganz schnell. Er gab mir eine Spritze, plötzlich wurde ich ganz müde, legte mich auf das Sofa und war schnell eingeschlafen.

„Was machen wir, wenn sie aufwacht? Sie will doch zu ihrer Tanja!“

Der Arzt sagte: „Ich komme noch mal vorbei und lasse Tanja abholen.“

„Sagen Sie Bescheid, der Sarg soll das Beste sein. Geld spielt keine Rolle. Tanja hat nur das Beste verdient, sie war so eine Liebe und Susi will auch nur das Beste für sie, die beiden haben sich so geliebt, es war unbeschreiblich.“

„Ja, das mache ich!“

„Sie soll in der Kirche aufgebahrt werden.“

„Ja, ich sage Bescheid.“

„Peter, das wird noch sehr schwer für Susi. Wir können sie nicht alleine lassen, es muss immer einer von uns da sein.“

Am anderen Tag kam Peter. „Was ist mit Susi, Susanne?“ „Sie schläft noch.“ „Gut so“, sagte Peter. Nach einer Weile: „Peter?“ „Was ist, Susanne?“ „Susi wacht auf. Wie hast du geschlafen, Susi?“

„Es ging so. Wo ist meine Tanja? Susanne, sie soll doch bei mir sein!“

„Susi, deine Tanja war sehr krank.“

„Wo ist sie? Ich will zu ihr, bitte lasst mich zu ihr, lasst mich endlich zu meiner Tanja!“

Peter sagte ganz leise: „Susi, deine Tanja ist nicht mehr hier.“

„Wo ist sie? Sag schon! Sag es endlich.“

„Tanja ist in der Kirche, in der Kirche!“

„Wieso?“

„Susi, deine Tanja ist von uns gegangen!"

„Was heißt das?" „Dass sie gestorben ist."

Peter sagte zu Susanne: „Susi ist verwirrt, ihre Tanja fehlt ihr so sehr. Was machen wir jetzt?" „Peter, ich weiß es auch nicht, ich weiß es nicht!" „Susanne, wollte der Arzt nicht noch mal kommen?" „Ja, hat er gesagt!"

Susanne mache erst mal Tee und etwas zu essen. „Susi muss erst mal was essen." „Ich mach das, und du, Peter, decke bitte den Tisch." „Peter, wieso fehlt eine Tasse?", fragte ich. „Tanja kommt doch bald wieder." „Komm, Peter, stell noch Tanjas Tasse hin", sagte Susanne.

Nach einer halben Stunde kam der Arzt. „Na, Susi, wie geht es dir?"

„Wieso fragen Sie? Ich warte doch bloß auf meine Tanja. Wollen sie auch einen Tee? Tanja muss gleich da sein."

„Ja, danke!"

Der Arzt sagte zu Peter: „Susi kann es noch nicht wahr haben, dass ihre Tanja nicht mehr kommt." „Wissen Sie was, die beiden waren unzertrennlich, sie haben alles zusammen gemacht, es gab nie Streit. Sie waren so glücklich, sie waren so glücklich alle beide und jetzt... und jetzt hat sie ihre Tanja nicht mehr. Für Susi ist eine Welt zusammengebrochen. Wir wissen nicht, was wir machen sollen."

Inzwischen kamen auch Johann und Renate.

„Na, wie geht es Susi?"

Peter sagte: „Nicht gut! Sie ruft immer nach ihrer Tanja. Wisst ihr, das ist so schlimm, die beiden waren doch so glücklich und schaut euch jetzt Susi an. Der Arzt hat Susi eine Beruhigungsspritze gegeben. Und geht mal mit ihr in die Kirche, damit sie ihre Tanja sieht."

Der Arzt sagte: „Ich komme noch mal heute Abend vorbei und schaue nach Susi. Und Sie geht nachher mit ihr in die Kirche, das wird ihr etwas helfen.", „Meinen Sie?"

„Sie muss wissen, dass ihre Tanja nicht mehr da ist." Der Arzt verabschiedete sich. „Bis heute Abend. Ich komme so gegen zwanzig Uhr."

Nach einer Stunde gingen wir in die Kirche. Meine Freunde mussten mich festhalten, aber auch für sie war es nicht einfach, sie kannten Tanja ja auch schon seit der Schule. Wo sie noch so klein war und in die erste Klasse ging, und die anderen in die fünfte. „Beim Weg zum Bus hat sie immer so gebummelt, der Busfahrer hat sie dann immer ausgeschimpft. Und sie weinte dann so sehr, als sie mit siebzehn ihre Eltern durch einen Unfall verloren hat. Und jetzt können wir es ja auch noch nicht begreifen, sie war doch erst dreiunddreißig Jahre alt."

„Kommt, setzen wir uns, lasst Susi zu ihrer Tanja, sie will mit ihr alleine sein. Wollen wir rausgehen?" „Nein, das geht nicht, wir müssen Susi in Auge behalten."

„Tanja, warum hast du mich verlassen? Wir wollten doch noch so viel, noch so viel zusammen machen." Ich weinte so sehr. „Oh Gott, warum hast du mir meine Tanja weggenommen, warum? Sie war doch so eine Liebe! Gott, sag mir warum?" Und ich hielt meine Tanja ganz fest und ließ ihre Hand nicht los und sagte zu ihr: „Ich lasse dich nicht alleine. Nein, ich lasse dich nicht alleine. Was soll ich denn ohne dich machen?" Ich drehte mich zu meinen Freunden um sagte: „Was soll ich ohne meine Tanja machen? Sagt es mir bitte! Wir gehören doch zusammen, wir beide, warum hat Gott mir sie so einfach weggenommen, warum?" „Susi, wir wissen es nicht, wir wissen es nicht, Susi!"

„Komm, wir wollen jetzt gehen." „Nein, ich will noch bei ihr bleiben, noch ein bisschen, bitte." „Gut, bleib noch ein bisschen bei deiner Tanja."

Nach einer halben Stunde sagte Johann: „Wir müssen jetzt gehen! Verabschiede dich jetzt von ihr, wir gehen morgen wieder zu ihr." Ich gab meiner Tanja noch einen Kuss und streichelte sie ganz liebevoll. „Tanja, Tanja, ich komme morgen wieder." Und dann: „Nein, nein, ich komme nicht mit, geht, ich bleibe hier bei meiner Tanja."

Meine Freunde nahmen mich und wir gingen, aber ich weinte nur. Die Leute waren sehr betroffen, dass ich so ein schweres Schicksal hatte.

Zu Hause angekommen sagte Renate: „Komm, setz dich, Susi, wir machen erst mal Kaffee. Johann, bleibst du heute bei Susi?" „Ja, ich habe Urlaub genommen, ich bleibe hier."

Ich ging von Raum zu Raum.

„Was hat sie, Peter?" „Renate, sie sucht ihre Tanja."

Auf einmal kam ich aus dem Schlafzimmer mit dem Elefanten. „Das ist Tanja ihrer! Den müssen wir morgen mitnehmen, den wird sie vermissen, ich habe ihn in unserem ersten Urlaub geschossen, sie liebt ihn doch so sehr." „Ja, Susi, den nehmen wir mit."

Inzwischen kam der Arzt. „Na, wie geht es Susi?" „Nicht gut, sie weint immer so sehr um ihre Tanja." „Ich gebe ihr noch eine Spritze, damit sie schlafen kann."

Ich legte mich ins Bett und war auch schnell eingeschlafen.

Meine Freunde sprachen noch lange mit dem Arzt. „Ja", sagte er, „es wird für Susi noch ein schwerer Gang, wenn die Beerdigung ist. Aber ich werde da sein. Auch alle aus dem Ort kommen, auch sie hatten Tanja so lieb. Sie war so lebensfroh, und mit Susi zusammen. Die beiden waren immer so glücklich, es war so schön, wenn die beiden Arm in Arm ankamen. Und es haben alle beide so schön gesungen. Alle machen sich große Sorgen um Susi, ob sie das alles schaffen wird."

Am anderen Tag gingen wir wieder in die Kirche. ich hatte den Elefanten dabei. „Lasst mich bitte mal mit meiner Tanja alleine! Bitte, bloß zehn Minuten, meine treuen Freunde." „Machen wir, wir warten draußen, wenn du uns brauchst, sage Bescheid." „Ja, das mache ich."

„Johann, mir ist nicht wohl, wenn Susi so allein da drin ist", sagte Peter. „Lass sie, sie braucht ihre Zeit." „Meinst du?"

Ich gab Tanja den Elefanten in den Arm und streichelte sie ganz sanft. „Tanja, dein Elefant, du brauchst ihn", und ich weinte so sehr. „Tanja, warum hast du mich bloß verlassen, was soll ich bloß jetzt ohne dich machen? Ohne dich hat doch mein Leben keinen Sinn. Wir waren doch so glücklich! Oh Gott, was hast du mir bloß angetan, warum meine Tanja, warum?"

Sie sah aus wie ein Engel, als ob sie bloß schlief.

„Kommt, wir gehen jetzt rein“, sagte Susanne. „Ja, gehen wir! Susi braucht uns.“ „Susi braucht ihre Tanja, nicht uns. Wir müssen jetzt für Susi da sein.“

„Na, Susi wie geht es dir?“ „Wie schon? Tanja ist doch nicht mehr bei mir. Was soll ich noch, was soll ich bloß, zu Hause ist doch keiner mehr da.“ „Komm, Susi, wir wollen gehen.“ „Wieso? Nein, ich bleibe bei meiner Tanja!“

„Das geht nicht!“

„Doch das geht.“ „Wenn ich gehe, ist sie doch so alleine! Tanja war noch nie allein.“

„Nein, das ist sie nicht, Susi, sie ist bei Gott!“

„Bei Gott, warum?“

„Komm, verabschiede dich von deiner Tanja.“ „Tanja, ich bin immer bei dir und komme wieder“, und ich streichelte sie, gab ihr noch einen Kuss.

Wir gingen nach Hause. „Renate, machst du noch einen Kräutertee und was zu essen? Susanne, was machen wir bloß? Morgen ist die Trauerfeier.“ „Ich weiß es nicht“, sagte Renate, „Susi schafft das nicht.“ „Ich weiß, aber der Arzt kommt noch heute, fragen wir ihn.“

Am Abend kam der Arzt. „Na, wie geht es Susi?“ „Sehen Sie selbst, sie weint nur.“ „Sie bekommt noch was zum Schlafen. Wer bleibt heute bei Susi?“ „Johann, gut, das geben Sie ihr heute Abend. Und morgen komme ich gleich ganz früh! Um zehn ist die Trauerfeier, da bekommt sie noch was zur Beruhigung, sonst bricht sie zusammen.“

Am frühen Morgen kam der Arzt. „So, Susi, du bekommst noch eine Spritze, bevor wir losgehen.“ „Seid ihr so weit?“ „Ja, gehen wir!“

Peter und Johann nahmen mich in die Mitte, der ganze Ort war schon da, auch alle Arbeitskollegen. Die Kirche war so voll, sie wollten sich alle von Tanja verabschieden. „Sieht sie nicht aus wie ein kleiner Engel, so lieblich und süß, meine Tanja!“

„Ja, sie ist ein Engel", sagte Johann ganz leise, „sie ist ein Engel, unsere Tanja."

Wir nahmen ganz vorn Platz. Ich nahm einen Stuhl und stellte ihn neben dem Sarg zu meiner Tanja, ich setzte mich und sagte: „Ich bin bei dir, Tanja" und schaute sie an.

Der Pfarrer fing seine Rede an, aber ich hörte gar nicht zu, ich musste so sehr weinen.

Susanne sagte zu Johann: „Wir müssen was machen, Susi bricht uns zusammen."

„Nein lass es, sie hat doch ihre Tanja verloren, lass sie."

Die Trauerrede war sehr lang und schön.

Danach wurde Tanja rausgetragen.

„Komm, Susi." Meine Freunde nahmen mich in die Mitte und gingen hinterher zum Friedhof.

„Peter, jetzt wird es sehr schwer, sehr schwer für Susi", sagte Johann.

Sie hielten mich richtig fest.

Ich sagte: „Tanja, lebe wohl, lebe wohl, wir sehen uns wieder, wir werden uns bald wiedersehen, sehr bald."

Susanne sagte: „Johann, was meint sie damit?" „Ich weiß es nicht, Susanne, ich weiß es nicht. Wir dürfen sie jetzt nicht mehr aus den Augen verlieren, keine Sekunde, Susi hat irgendwas vor. Aber was?"

„Ich glaube, sie will sich was antun, damit sie zu ihrer Tanja kommt."

„Und was machen wir jetzt Susanne?" „Ich werde mal mit dem Arzt sprechen, mal sehen, was er dazu meint."

„Wir gehen jetzt, komm Susi, wir gehen jetzt ins Café, wo du Tanja kennengelernt hast. Susi, denke daran, was Tanja zu dir gesagt hat, dass sie auf dich aufpasst!"

„Ja, ich weiß das! Sie ist immer bei mir."

„Klaus, bringst du uns was zu trinken?" „Was wollt ihr?" „Das Übliche."

Das Café war sehr voll, viele Trauergäste waren mitgekommen.

Nur der Platz neben mir war noch frei. Tanjas Platz.

„Johann?“ „Ja, Susi?“ „Der bleibt frei, hier darf sich keiner hinsetzen!“

„Nein, Susi, keiner.“

„Und wie geht es dir jetzt, Susi?“ „Geht schon, lasst nur.“

„Susi?“ „Ja, Johann?“ „Willst du ein paar Tage mit zu uns kommen?“

„Nein, ich will in unsere Wohnung, wo ich mit Tanja so glücklich war!“

„Wir kommen aber mit und bleiben bei dir.“ „Könnt ihr machen, danke.“

Am Abend gingen wir zu mir nach Hause.

„Ach Johann, wie oft bin ich den Weg mit Tanja hier gelaufen.“ „Ich weiß, Susi. Und wie geht es dir?“ „Ach, wie soll es mir gehen? Warum fragst du immer? Du weißt doch selbst, wie Tanja mir fehlt. Es ist, als ob ein Stück von mir fehlt.“ Ich hatte Tränen in den Augen.

„Wein nur, Susi, ich weiß, wie das ist, wie dir zumute ist. Du hast deine Tanja verloren und wir eine sehr gute Freundin.“

Johann und die anderen waren so lieb zu mir. Renate sagte: „Soll ich noch Kaffee machen?“ Ich: „Ja, wir trinken noch eine Tasse.“ Danach gingen Peter und Renate.

„Bis morgen!“ „Ja, bis morgen“, sagten sie. Susanne und Johann blieben bei mir.

Am nächsten Tag gingen wir auf den Friedhof zu Tanjas Grab. Es waren so viele Blumen, ein Meer von Blumen.

„Schaut mal! Ach Tanja, du weißt gar nicht, wie ich dich vermisse, du fehlst mir so! Wenn ich im Bett liege und wach werde und du bist nicht da, muss ich immer so weinen.“

„Kommt, lassen wir Susi alleine! Wir gehen nachher noch mal her.“ „Meinst du, Susanne?“ „Ja, sie will mit ihrer Tanja alleine sein, das hilft ihr. In zwei Stunden holen wir sie.“

„Kommt, wir wollen Susi abholen.“ „Ist es denn schon so weit?“, sagte Peter. „Ja, es ist Zeit!“

Meine Freunde gingen auf den Friedhof, um mich zu holen.

„Susi, wollen wir noch mal ins Café?“ „Ja, können wir machen.“ So gingen wir noch mal ins Café rein. „Hallo Klaus.“ „Hallo Susi, was möchtest du trinken?“ “„Bring mir ein Bier bitte!“ „Kommt gleich!“

„Passt mal auf“, sagte Klaus, „es gingen so viele Spenden ein für Susi, sie sind auf der Gemeinde und bei mir, was machen wir damit?“

„Ich weiß es! Tanja braucht einen schönen Grabstein.“ „Das ist eine gute Idee. Morgen fahren wir zum Steinmetz.“

Am anderen Tag kamen Peter, Renate und Susanne. Johann war über Nacht bei mir, geblieben er wollte mich nicht alleinlassen. Er traute mir nicht, weil ich gesagt hatte: „Ich bin bald bei dir, Tanja.“ Es ging ihm nicht aus dem Kopf.

Wir fuhren zum Steinmetz und schauten uns um. „Haben Sie noch andere Grabsteine?“ „Ja“, sagte er, „die sind drin!“

Nach einer Weile fanden wir einen wunderschönen. „Schau mal, Susi, wie findest du den?“ „Oh ja, den nehmen wir.“ „Und was soll darauf stehen?“

„In der Mitte ein Bild von meiner Tanja und auf beiden Seiten ein Engel und darunter:‚Tanja, ich werde dich nie vergessen, deine Susi. Gestorben im Alter von dreiunddreißig Jahren.‘

Wisst ihr, Tanja war immer genügsam, sie sagte immer:‚Wir haben uns beide und lieben uns so sehr, das ist doch ein großes Geschenk, was Schöneres als die Liebe kann es nicht geben.‘“

„Ja, das mache ich“, sagte der Steinmetz.

Und wir fuhren nach Hause.

Drei Wochen später wurde der Grabstein geliefert, er war wunderschön. Ich ging jeden Tag zu meiner Tanja auf den Friedhof und war stundenlang da.

Meine Freunde machten sich große Sorgen. „Sie sieht nicht gut aus“, sagte Johann. „Ja, das ist uns auch schon aufgefallen. Wir werden mit ihr heute Abend sprechen, das müssen wir machen!“

Johann gingen die Worte nicht aus dem Sinn, die ich zu Tanja gesagt hatte: „Wir werden uns bald wiedersehen, sehr bald.“

Am Abend sprachen sie mit mir.

„Susi, was ist mit dir?"

„Was soll sein!?"

„Du siehst nicht gut aus!"

„Ach wisst ihr, ich habe bloß in letzter Zeit nicht viel geschlafen."

„Aber das geht nicht, du musst schlafen!"

„Sagt mir mal, was würdet ihr machen, wenn ihr eure große Liebe verloren hättet. Kommt schon, ihr wisst doch, es ist nicht einfach. Ich liebe doch meine Tanja immer noch so sehr! Und sie fehlt mir, sie fehlt mir so!"

„Ja, das verstehen wir, du sollst ja deine Tanja auch immer lieben und nie vergessen. Das werden wir auch nicht, und du sollst es auch nicht, aber du brauchst deinen Schlaf. Wir wollen dich nicht auch noch verlieren."

„Das habt ihr aber schön gesagt! Werdet ihr nicht, habt keine Angst um mich."

„Und jetzt machen wir mal was zu essen. Susanne, gehst du in die Küche und machst mal was zurecht?" „Ja, das mache ich."

Es war schon sehr spät. „Wir gehen jetzt", sagten Peter und Renate.

„Ja, bis morgen." Johann und Susanne blieben über Nacht sie sagten: „Wir können Susi nicht allein lassen, sie muss endlich mal schlafen."

Nach ein paar Wochen hatte ich mich etwas beruhigt und ging auch wieder arbeiten.

Peter sagte: „Johann, hat sie es geschafft?" „Ich weiß es nicht!"

„Wir müssen abwarten und für Susi immer da sein, sie muss das Gefühl haben, dass sie nicht alleine ist und nie allein sein wird."

Alle Freunde gingen jeden Tag auf den Friedhof, auch ich ging nach der Arbeit gleich hin und stellte immer frische Blumen auf das Grab. Ich blieb eine ganze Weile und sprach immer mit ihr. „Ja, meine liebe Tanja, es ist nicht mehr schön. Es kommt mir vor, als ob alles so sinnlos ist, seit du nicht mehr bei mir bist!" Ich redete sehr viel mit Tanja.

Die Zeit verging, ich war wieder jeden Tag im Café mit unseren Freunden.

„Johann?“ „Ja, Susi?“ „Jetzt ist meine Tanja schon ein Jahr nicht mehr bei uns, mir kommt es vor, als wäre es gestern gewesen!“

„Susi, wir denken auch jeden Tag an Tanja, und wie ihr euch hier kennengelernt habt. Es war ja so lustig. Und du hast nicht gewusst, dass sie lesbisch ist und in dich verliebt war.“

Das Café war so richtig voll, bis auf Tanjas Platz. Es kamen noch Gäste. Klaus sagte: „Es tut mir leid, wir haben nichts frei.“

Nach einer Weile kam eine junge Frau rein. „Ist der Platz noch frei?“ Klaus sagte: „Nein.“

„Ach komm, Klaus“, sagte ich, „komm her und setz dich zu uns.“

Meine Freunde fragten: „Willst du das wirklich, Susi?“

„Ja, ich will. Sie hat doch Hunger und muss was essen.“

„Danke! Ich bin Mia, ich komme von der See und will hier Urlaub machen.“

„Ich bin Susi, und das sind meine Freunde Susanne, Renate, Peter und Johann.“

An dem Abend hatten wir mit Mia noch viel erzählt, von Tanja, unseren schönen Abenden, wie wir uns kennengelernt hatten. Es war schon sehr spät geworden. Klaus wollte auch schließen, also gingen wir.

„Mach es gut, Mia, und hab einen schönen Urlaub.“ „Ja, danke, werde ich bestimmt haben!“

Wir gingen. „Peter?“ „Ja, Susi?“ „Sehen wir uns morgen?“ „Ja, wir sehen uns morgen!“ „Na, dann bis morgen und schlaf schön!“

„Ihr auch!“

„Werden wir.“

Am nächsten Tag musste ich mal wieder einen Spaziergang machen, ich ging in den Park, wo ich mit Tanja so oft gewesen war. Ich setzte mich auf die Wiese und dachte über die schöne Zeit nach, die ich hier mit Tanja verbracht hatte. Wie lange ich hier so saß, weiß ich nicht. Bis eine liebliche Stimme sagte: „Hallo

Susi." Ich drehte mich um, es war Mia. „Hallo Mia, komm setz dich zu mir." „Störe ich nicht?" „Nein, na komm schon!" Mia setzte sich neben mich, erst mal sagten wir nicht viel.

„Susi, ich muss dir was sagen, ich weiß nicht wie."

„Na komm, sag es!"

„Susi, ich bin auch lesbisch! Ich war aber bis jetzt immer alleine, ich konnte es keinem sagen, aber bei euch ist das anders, ihr seid alle so offen hier. Du hast gute Freunde, die immer bei dir waren, wo du deine Tanja verloren hattest, und noch sind. Bei uns ist das nicht so."

Wir unterhielten uns sehr lange.

„Ich muss aber jetzt gehen. Mia, komm doch heute Abend zu uns ins Café."

„Da störe ich doch bloß!"

„Nein, komm nur!"

„Danke Susi, ich werde kommen, so gegen neunzehn Uhr."

Wir waren schon alle im Café. „Hört mal, Mia kommt noch, ihr habt doch nichts dagegen? Wir haben uns in Park getroffen und uns lange unterhalten, sie ist auch lesbisch."

„Nein, Susi, wir haben nichts dagegen. Sie ist bei uns immer willkommen."

Nach einer Weile kam Mia. „Komm, Mia, setz dich." „Danke, ihr seid hier alle so lieb." Klaus fragte: „Was möchtest du trinken, Mia?" „Ein Bier, bitte." „Kommt sofort."

Wir unter hielten uns sehr lange. Es war schon sehr spät.

„Wir müssen jetzt gehen. Mia, wenn du willst, komm doch morgen auch." „Ja, werde ich, wenn ich nicht störe." „Nein, komm nur."

Am nächsten Tag ich ging zum Friedhof. Mia kam gerade den Berg runter. „Hallo Mia." „Hallo Susi. Wo gehst du hin?" „Ich gehe zum Friedhof."

„Kann ich mitkommen?"

„Ja, willst du?"

„Ja."

„Na komm, Mia. Ich zeige dir, wo Tanjas Grab ist."

„Susi, das ist aber ein sehr schönes Grab.“ „Ja, das ist es!“

„Tanja, das ist Mia. Mia ist auch eine sehr Liebe, du würdest sie auch sehr gern haben, sie macht hier Urlaub.“

Ich stellte noch frische Blumen hin.

„Susi, danke, dass ich mit durfte.“

Nach einer Stunde gingen wir.

„Mia, was machst du noch heute?“ „Ich weiß es noch nicht!“

„Willst du mit in die Stadt?“ „Ja, das wäre schön.“

„Na komm, Mia, aber ich muss noch mal nach Hause.“ Wir gingen zu mir.

Unterwegs sagten viele: „Hallo Susi, wie geht es dir?“

„Danke, es geht schon!“

„Mia, hier wohne ich.“ „Ich warte hier unten.“ „Nein, komm mit rein, du brauchst doch nicht hier zu warten! Na komm schon.“

„Du hast aber eine schöne Wohnung.“ „Setz dich doch, willst du noch was trinken, Mia?“ „Wenn du ein Wasser hast?“ „Habe ich, mit Kohlensäure?“ „Ja.“ Ich gab Mia ein Glas.

Wir erzählten noch eine Weile, dann sagte ich: „Komm, Mia, gehen wir. Wir fahren mit dem Auto.“

„Susi, du bist so eine Liebe, du kennst mich kaum, aber du bist so herzlich und freundlich und nimmst mich mit.“

„Machen wir uns einen schönen Tag. Den ich schon lange nicht mehr hatte, seit meine Tanja gestorben ist.“

Ich sagte so zu mir: „Tanja, hast du was damit zu tun? Deine letzten Worte waren doch:‚Bleib nicht allein.‘ Es kann doch nicht sein, oder?“

„Hallo Susi!“

„Ja …?“

„Du warst jetzt ganz weit weg! Was ist? Hat es was mit mir zu tun?“

„Ich musste bloß an was denken.“

„Willst du es mir sagen?“

„Komm, gehen wir erst mal was essen und dann sage ich es dir.“

Wir gingen in die kleine Bar, in der ich mit Tanja so oft gewesen war.

„Hallo Susi, du warst schon lange nicht mehr hier!“

„Du weißt doch, Jan, warum!“

„Ja, das weiß ich, und es tut mir sehr leid, dass du deine Tanja verloren hast! Susi, dein Platz ist noch frei, wollt ihr euch da hinsetzen?"

„Freilich. Bringst du bitte mal die Karte?" „Ja ich bringe sie gleich. Was wollt ihr trinken?" „Bring mir ein Wasser, bitte." „Und die hübsche junge Frau, was möchte sie?" „Ich nehme auch ein Wasser."

Jan kam mit unserem Wasser und brachte die Karte mit. „Mia, schau, das hier ist sehr gut." „Das hört sich ganz gut an, Susi." „Jan, bringst du das?" „Ja, es dauert aber." „Ich weiß."

Ich nahm Mias Hände. „Mia, du willst wissen, was ich gedacht habe? Ich musste an Tanjas letzte Worte denken. Sie sagte:‚Susi, bleib nicht alleine, versprich es mir. Wenn du eine Frau findest, halt sie fest und liebe sie, wie du mich liebst, versprich es mir.' Das waren ihre letzten Worte."

Wir hielten uns noch die Hände. Mia sagte: „Deine Tanja war eine außergewöhnliche Frau." „Ja, das war sie."

Jan kam mit dem Essen. „Lasst es euch beide schmecken!" „Machen wir, Jan."

Nach dem Essen gingen wir noch durch die Stadt.

„Susi, wollen wir noch ein Eis essen?" „Ja, das machen wir, Mia. Es gibt hier eine schöne Eisdiele, lass uns hingehen. Es ist nicht weit von hier, bloß fünf Minuten. Da drüben ist es schon!"

Dann: „Lass uns reingehen. Was möchtest du, Mia?"

„Susi, einen Eisbecher mit viel Sahne." „Den bekommst du." „Setz dich erst mal hin, ich hole das Eis." Nach einer Weile kam ich endlich dran. „Was wünschen Sie?", fragte mich die Bedienung. „Zwei Eisbecher mit viel Sahne!" Nach ein paar Minuten bekam ich schon die Eisbecher und bezahlte sie prompt.

„Hier ist dein Eisbecher, Mia. Lass es dir gut schmecken." „Der sieht aber lecker aus! Danke dir, Susi!"

Nachdem wir unser Eis gegessen hatten, sagte ich: „Aber jetzt müssen wir los." Wir nahmen uns an der Hand und gingen zum Auto.

Mia schaute mich an und sagte: „Susi, du bist so lieb. Könntest du mich auch ein bisschen liebhaben?" „Mia, ja, ich hab dich lieb!"

„Meinst du es ernst!?"

„Ja! Mia, das meine ich. Du bist doch so eine Liebe und Süße, dich muss man doch liebhaben. Aber jetzt fahren wir nach Hause. Wir wollen doch noch ins Café."

Ich brachte Mia zu ihrem Hotel.

„Bis nachher, Susi!"

„Ja, bis nachher, Mia."

Ich fuhr nach Hause, Johann wartete schon. „Was ist, Johann?" „Wir haben uns schon Sorgen gemacht." „Warum?"

„Na ja, du warst lange weg."

„Braucht ihr nicht, ich war mit Mia in der Stadt. Johann, du weißt doch, was Tanjas letzte Worte waren."

„Ja, das weiß ich, als ob es gestern gewesen wäre! Sie sagte, du sollst nicht allein bleiben."

„Ach, Mia ist so eine Liebe, genau wie Tanja. Johann, was soll ich bloß machen?"

„Susi, du weißt, wir wollen, dass du glücklich bist. Du hast doch deine Tanja im Herzen und sie will auch nicht, dass du unglücklich bist! Lass dein Herz sprechen, aber geh erst mal und mach dich etwas frisch. Wir sehen uns nachher."

„Ja, bis bald, Johann."

So ging ich nach oben, duschte, aber mir ging Mia nicht aus dem Sinn. Ich zog mich an, machte mir noch einen Kaffee, und wie ich so meinen Kaffee trank, gingen mir die Worte von Tanja nicht aus dem Sinn wie sie sagte: „Du sollst nicht allein bleiben, du sollst nicht allein bleiben."

„Na gut, ich gehe erst mal runter ins Café", beschloss ich.

„Na, Susi hast du heute einen schönen Tag gehabt?"

„Wieso?"

„Na ja, Johann hat was gesagt."

„Ach was?"

„Na, du warst mit Mia unterwegs!"

„Ja, das war ich."

„Na komm, sag schon, wie war es?"

„Wisst ihr, es war so schön! Mia ist eine ganz Liebe. Sie muss auch gleich da sein. Renate, da kommt sie! Komm, Mia, setz dich neben mich!"

„Hallo, ihr alle zusammen!"

„Hallo Mia. Was willst du trinken?" „Ein Bier." „Na, Mia, wie geht es dir?"

„Wieso?"

Wir lachten.

„Was habt ihr!?"

„Ach nichts, doch Tanja hat auch immer gesagt:‚wieso'. Susi hat uns von dir so viel erzählt."

„Hat sie das?"

„Ja, hat sie. Susi mag dich sehr." „Ich mag auch Susi so sehr. Aber …" „Was aber, Mia? Mach Susi nicht unglücklich, sie hat zu viel durchgemacht, das wäre nicht gut für sie." „Ich weiß, sie hat mir alles gesagt. Ich mache Susi nicht unglücklich, das verspreche ich euch. Susi ist so eine Liebe, ja das ist sie." „He, He, ich bin auch noch da." „Ja, bist du, bist nicht zu übersehen." „Ja, ja, macht nur eure Witze mit mir."

Es war ein sehr schöner Abend.

Johann schaute mich an. „Was hast du, Johann?" „Susi, du siehst so glücklich aus." „Ja, das bin ich nach so langer Zeit. Aber wir müssen jetzt gehen."

„Mia, wollen wir noch einmal in den Park?" „Ja, Susi."

Ich dachte: „Ach, was mache ich bloß? Aber Tanja wollte doch, dass ich glücklich bin." Ich nahm Mia in die Arme und wir küssten uns.

Dann sagte Mia: „Du bist so lieb und zärtlich. Ja, mit dir kann man glücklich werden." „Meinst du, Mia?" „Ja, das heißt, wenn du mich willst." „Ja, Mia, das will ich und ich will auch mit dir immer zusammen sein. Aber du bist ja nicht mehr lange da." „Susi?" „Ja, Mia?" „Noch habe ich drei Wochen, und wenn wir uns gut verstehen …" „Na sag schon!" „Was hältst du davon, wenn ich erst mal hier bleibe?" „Aber du hast doch deine Arbeit." „Ja schon, aber du bist mir wichtiger, und alle sind hier so nett, nicht wie bei uns." „Na gut, Mia, versuchen wir es beide. Komm, wir wollen aber jetzt gehen."

Am Morgen ging ich zu Mia. „Kommst du mit, Mia?" „Wohin?" „Erst mal zu Tanja und danach fahren wir zum See."

„Oh ja, Susi. Lass mich aber ein paar Blumen für Tanja kaufen." „Brauchst du nicht." „Doch, ich will es." „Na gut."

Wir gingen auf den Friedhof. Mia sagte: „Tanja, du hast doch nichts dagegen, wenn ich mit Susi gehe?" Ich sagte: „Nein, Tanja hat doch nichts dagegen, nein Mia, das hat sie nicht. Na komm, wir fahren zum See." „Oh ja, das wird bestimmt schön."

Nach einer Stunde kamen wir am See an. Wir hatten viel Spaß, legten uns in den Sand und träumten. „Susi, das ist hier so schön." „Ja, das ist es." Dabei sind wir eingeschlafen.

„Mia!" Ich rüttelte sie wach. „Was ist, was ist Susi?" „Es ist schon dunkel, wir sind eingeschlafen. Oh je, und nun komm, wir schlafen in Auto weiter! Jetzt durch den Wald fahren, nee, das machen wir nicht."

So richtig konnten wir nicht schlafen. „Schau mal Susi, was ist das? Es ist so hell und bewegt sich." „Keine Ahnung, Mia. Aber es kommt auf uns zu, sei ganz leise!"

Aber das Auto kannte ich, es war Johanns. Er und Peter stiegen aus, klopften an die Scheibe. „Hallo ihr beiden! Was ist los?" Wir machten die Tür auf. „Sagt mal, ist euer Auto kaputt?" „Nein, wir sind eingeschlafen!" „Susi, mit Tanja hast du schon die tollsten Sachen gemacht, aber du wirst immer besser." „Wieso?" „Wir haben uns große Sorgen gemacht." „Ist schon gut, Peter und Johann, ihr braucht nicht gleich so schimpfen!" „So, aber jetzt geht es nach Hause, ihr fahrt uns jetzt hinterher."

Ich sagte zu Mia: „Willst du bei mir schlafen?" „Meinst du, Susi? Ja, sehr gerne."

Endlich waren wir zu Hause. Wir verabschiedeten uns von Peter und Johann, ich sagte noch: „Wir sehen uns heute Abend." Johann meinte: „Na, das will ich hoffen."

„Komm, Mia, gehen wir erst mal hoch." Mia fragte: „Soll ich erst mal Kaffee machen?" „Ja, wirst schon alles finden." „Sag mal, Susi, wie haben die zwei das gemeint,‚mit Tanja hast du schon die tollsten Sachen gemacht'?" „Nun ja, Mia, es ist schwer zu sagen, frag sie doch heute Abend, die können es besser!" „Na gut. Wir müssen jetzt aber erst mal was essen." „Ja, und noch mal unter die Dusche."

Nach einer halben Stunde waren wir fertig. „Aber jetzt ins Bett.“ „Ja, Susi, ich bin hundemüde.“ Wir waren schnell eingeschlafen.

Kurz vor Mittag sind wir munter geworden. „Mia, wir müssen aufstehen.“ „Susi, noch ein bisschen, ein kleines bisschen.“ „Ja, Mia“, sagte ich und gab ihr einen Kuss.

„Susi, bei dir ist es so schön, ich möchte mit dir immer zusammen sein, du bist so lieb!“ „Du doch auch, Mia. Aber komm jetzt, wir müssen aus den Federn.“ „Was machen wir heute?“ „Mal sehen, Mia, erst mal unter die Dusche und hinterher was essen. Soll ich gleich den Kaffee machen? „Ja.“

„Wo bleibst du, Mia? Willst du nicht mit unter die Dusche?“ „Ich komme gleich, Susi.“ „Na komm schon, ich habe immer mit Tanja zusammen geduscht!“ „Bin doch schon hier.“ „Mit dir ist es genauso schön.“ „Oh Susi, können wir das jeden Tag machen?“ „Ja, Mia, das machen wir! Aber lass uns erst mal was essen!“

„Und jetzt wollen wir noch mal ins Bett.“ „Oh ja, komm, lass uns da anfangen, wo wir aufgehört haben. Mia, mit dir ist es so schön.“ „Noch mal das Gleiche, Susi, noch mal“, sagte sie und wir küssten uns leidenschaftlich dabei.

„Susi, ich bekomme gar nicht genug von dir.“ „Was denn?“ „Du weißt schon.“ “Ich auch nicht von dir. Aber wir müssen uns langsam fertig machen.“ „Nur noch einmal, ja, noch einmal ...“

Danach machten wir uns fertig und gingen runter ins Café.

„Na hallo, ihr seid aber spät!“ „Ihr braucht nichts sagen, wir können uns schon denken, was ihr gemacht habt.“ „Aber, aber, denkt nicht so schlecht von uns.“ „Nee, machen wir doch nicht!“

„Susi und Mia, habt ihr morgen schon was vor?“ „Wieso?“ „Wir wollten einen Ausflug machen, kommt ihr mit?“ „Wollen wir, Mia?“ „Ja, Susi, wir kommen mit.“ „Aber Johann, nicht wieder mit einem Auto?“ „Nein.“ „Susi, was meinst du, nicht wieder mit einem Auto?“ „Mia, das sage ich dir mal später.“ „Also Susi, nimmst du deines, Peters Auto ist kaputt.“ „Ja, aber nicht mehr so viel trinken, Susi.“ „Nee, mache ich nicht, ich trinke nichts mehr! Wir gehen gleich. Und wo treffen wir uns?" „Wir kommen zu euch." „Ist gut!"

Nach einer halben Stunde: „Wollen wir gehen, Mia?" „Ja, Susi, gehen wir. Also macht es gut, bis morgen um sieben."

Peter sagte: „Ich glaube, Susi ist wieder glücklich. Kommt, lasst uns auch gehen."

Am frühen Morgen waren wir schon fertig, bis die anderen kamen. „He, was ist denn mit euch, ihr seid ja schon da." „Mia, was habt ihr, um sieben wollten wir los, oder?" „Ja." „Mit Tanja und Susi kamen wir nie zeitig weg." „Na, Johann?" „Was ist, Susi?" „Nicht alles ausplaudern." „Mache ich doch nicht! Also, wollen wir jetzt los?" „Ja."

Der Tag war wunderschön, wir hatten sehr viel Spaß.

Die Zeit verging. „Was ist nun, Mia, willst du hier bleiben, oder nicht?" „Na ja, Susi …" „Na, was ist? Sag schon, Mia." „Ja, ich bleibe, mich wirst du nicht mehr los." „Mia, du bist so süß, das ist so schön, dass du hier bleibst!" „Komm, wir wollen es den anderen sagen." „Machen wir."

Wir gingen runter ins Café. „Hört mal, Mia bleibt bei uns!" Susanne: „Eher bei dir!" „Ist doch egal!" „Mia, du hast Susi so glücklich gemacht. Und wo willst du arbeiten, Mia?" „Bei Susi in der Schule!"

Die Zeit war mit Mia so schön. Wir hatten sehr viel Spaß. Jetzt war sie schon fast ein Jahr bei uns, und wir waren immer noch so glücklich und verliebt.

„Ach, meine Freunde, ich hätte nie gedacht, dass ich noch mal so glücklich sein kann." Johann: „Das wissen wir, ist doch nicht zu übersehen."

Eines Tages bekam sie einen Brief von ihrer Mutter, dass sie sehr krank sei. „Susi, was soll ich machen?" „Fahr doch mal zu ihr." „Ja, ich bleibe aber nicht so lange. Eine Woche, das reicht." „Fahre gleich morgen früh, Mia, ich bringe dich zum Bahnhof."

„Aber wir machen es uns heute noch so richtig gemütlich." „Ja, das machen wir, und unseren Freunden sagen wir, dass wir heute nicht kommen." „Komm, Susi, wollen wir uns noch mal toll liebhaben?" „Ja, Mia! Wir sehen uns ja eine Woche nicht, das ist eine lange Zeit. Ach meine Mia, ich habe dich so lieb." „Susi ich vermisse dich doch auch so, wenn ich nicht bei dir bin! Ich bin doch so glücklich mit dir!"

Geschlafen hatten wir nicht, die Zeit verflog so schnell.

„So, meine Susi, wir müssen uns jetzt fertigmachen." „Mia, ich will dich am liebsten gar nicht gehen lassen." „Ich weiß, Susi."

Wir fuhren zum Bahnhof, aber wir hatten noch ein wenig Zeit. Wir umarmten und küssten uns so sehr, wir merkten erst gar nicht, dass der Zug da war, bis es hieß: „Alles einsteigen!" Uns standen die Tränen in den Augen. „Bis bald, Susi." „Bis bald, Mia." Der Zug fuhr los, mir war so schwer ums Herz. Ich schaute dem Zug noch hinterher und ging dann zum Auto und fuhr nach Hause.

Zu Hause angekommen es war so leer in der Wohnung. Eine Ruhe, eine Stille, ich lief hin und her, mir kam so eine bedrückende Angst, als ob ich Mia nicht mehr sehen würde, als ob es das letzte Mal gewesen war. Ich war innerlich so unruhig, was war mit mir bloß los!

Abends ging ich ins Café.

„Hallo Susi! Was ist, du bist so traurig?"

„Ach wisst ihr, ich habe so ein komisches Gefühl."

„Was meinst du?"

„Na, mit Mia!"

„Was denn, sag schon, Susi!"

„Ich habe das Gefühl, dass sie nicht mehr zurückkommt."

„Aber Susi, ihr liebt euch doch so sehr."

„Ja, ja sehr, ich weiß nicht!"

„Na komm schon, trink erst mal was. Sie kommt wieder, du wirst es sehen."

„Ach, wenn ich es nur glauben könnte. Wisst ihr, ich gehe erst mal nach Hause."

„Wir sehen uns morgen, Susi."

„Ja, bis morgen."

Ich habe noch geduscht und ging in Bett.

Am Morgen, man kann schon sagen Mittag, wurde ich wieder munter. „Ach, was mache ich heute?", dachte ich und lief in meiner Wohnung auf und ab. „Erst mal einen Kaffee und dann was essen, anschließend gehe ich zu Tanja auf den Friedhof." Und ich musste immer an Mia denken.

Die Zeit verstrich so schnell, Mia musste ja jetzt bald kommen. Noch ein Tag, aber sie hatte noch nicht geschrieben. „Was ist bloß mit Mia, warum schreibt sie nicht?", überlegte ich.

Am Abend ging ich ins Café zu meinen Freunden.

„Na, Susi, du warst schon lange nicht hier, was ist denn los? Wie geht es dir?" „Ach wisst ihr, Mia hat sich noch nicht gemeldet." „Sie wird schon kommen, mach dir keine Sorgen." „Ich weiß, aber Mia ist doch immer so genau, das wisst ihr doch." „Ja, schon, und morgen müsste sie ja kommen! Susi, deine Mia hat doch ihre Arbeit hier und ihre Sachen, sie kommt schon." „Ach, wenn ihr doch recht hättet. Ich muss erst mal was trinken. Klaus, bringst mir bitte ein Bier?" „Ja, Susi. Und noch was?" „Jetzt nicht, vielleicht etwas später. Bring mir noch einen Doppelten, ist doch egal."

Am späten Abend gingen wir. „Mach es gut Susi." „Ja, bis morgen, und du wirst sehen, deine Mia kommt schon."

Ich konnte kaum schlafen, ich war so aufgeregt. Heute musste ja meine Mia kommen.

Ich fuhr zum Bahnhof, aber nichts, sie kam nicht. Was war los? „Warum kommt Mia nicht, warum?" Ich hatte so viele Fragen und keine Antwort! Ich konnte es nicht begreifen, der letzte Zug war auch schon weg. Ich fuhr ganz traurig nach Hause.

Im Café angekommen wurde ich gleich gefragt:– „Was ist, Susi?" „Ach Johann, warum kommt Mia nicht? Warum, sag es mir?" „Ich weiß auch nicht, Susi!"

Es verging ein Tag nach dem anderen, immer und immer wieder bin ich zum Bahnhof gefahren, aber keine Mia.

„Was soll das, meine Freunde, wo ist Mia?" „Susi, wir wissen es nicht!"

Die Zeit verging, Mia kam nicht, ich konnte es nicht begreifen! Ich blieb zu Hause, wollte nichts mehr sehen und hören.

Peter kam zu mir. „Was ist los, Susi? Du warst schon lange nicht mehr unten im Café!"

„Ach Peter, ich habe so eine Sehnsucht. Aber Mia kommt nicht und ich weiß nicht, warum! Habe ich denn nur Pech? Wir haben uns doch so geliebt und waren so glücklich. Peter, lass mich alleine, ich kann nicht mehr."

„Nein, wir lassen dich nie allein, das weißt du."

„Ja, das weiß ich, was soll ich bloß machen?"

„Mach dich erst mal wieder hübsch, du siehst schlimm aus. Und ich mache erst mal einen Kaffee. Na los, geh schon!"

„Ist ja gut, musst nicht gleich so schimpfen!"

„Susi, du kannst dich nicht so gehen lassen, du bist so eine Süße!"

„Ich gehe schon unter die Dusche, das dauert aber eine Weile." Nach einer halben Stunde war ich fertig. „Und nun, zufrieden, Peter?"

„Ja, jetzt bist du …"

„Was, was bin ich?"

„Du bist so hübsch, Susi!"

„Ach ja, Peter!

„Ja, Susi!"

„Lass das aber nicht Renate hören."

„Da hat sie keine Angst, du stehst ja nicht auf Männer." „Meinst du, ja?" „Na komm, trinken wir erst mal einen Kaffee und gehen anschließend runter zu den anderen." „Komm, Peter, gehen wir gleich." „Na gut."

„Hallo, alle zusammen, wie geht es euch?" „Gut, und dir?" „Geht so." „Du hast es geschafft, Peter, dass sie mitgekommen ist." „Ja, es war nicht so einfach. Klaus, bring bitte erst mal zwei Bier und für Susi noch was zu essen." „Ja, das mache ich gleich!"

Die Zeit verging, aber kein Zeichen von Mia. Ich konnte es nicht begreifen. Wir trafen uns wieder jeden Tag im Café. So glücklich war ich nicht, mir fehlte Mia.

„Sag mal, Susanne, wer ist das da drüben? Der schaut immer hierher." „Ach lass.",, Wer weiß, Klaus, kennst du den?" „Nein,

Susi, er ist heute das erste Mal hier." „Na gut." „Schau nicht rüber, Susi." „Mache ich ja nicht!" Endlich ging er!

Es wurde wieder spät. „Und morgen früh zeitig raus, wie soll ich das schaffen?" „Aber Susi, da hast du schon ganz andere Sachen durchgestanden." „Ja, ich weiß." „Wir sehen uns morgen." „Ja, also bis morgen, aber ich komme erst nach zwanzig Uhr. Und jetzt will ich ganz schnell nach Hause und ins Bett." Ich war sehr schnell eingeschlafen.

Früh klopft es an die Tür, ich schaute auf die Uhr. Oh, ich hatte verschlafen, aber jetzt schnell raus. Ich machte die Tür auf, Susanne stand da. „Na, wo bleibst du, Susi?" „Ich habe verschlafen, sei nicht böse." „Bin ich doch nicht! Mach dich fertig, Johann kommt gleich, wir fahren mit dem Auto, der Bus ist weg." „Bin gleich so weit."

Der Tag war alles andere als gut, am Abend ging ich wieder runter ins Café. „Na, Susi, sind wir heute nicht aus den Federn gekommen?" „Macht euch nur lustig, es reicht schon, wenn die Kollegen mich geärgert haben. He, was gibt es da zu lachen?" „Das wissen wir schon." „Ach ja, na komm. Aber heute nur ein Bier. Susanne, da ist schon wieder der Kerl und schaut immer zu mir! Peter, lass mich auf deinen Platz, da kann er mich nicht sehen." „Ist gut, Susi."

Wir unterhielten uns, bis Klaus kam und mir einen Zettel gab. „Was ist damit, Klaus?" „Den soll ich dir geben." „Wieso? Von wem ist er?" „Von dem Herrn da drüben!"

„Was steht darauf? Komm, Susi, sag schon!" „Hier, lest selbst. „Renate, lies vor." „Hier steht:‚Möchte Sie gern kennenlernen. Rainer'." „Was soll das, ich will keinen Mann." „Ja Susi, das weiß er ja nicht." „Und nun?" „Kannst doch mal anhören, was er will." „Ich weiß nicht." „Na los, schreib einfach was." „Und was?" „Na los, mach schon!" „Susanne, was soll ich schreiben?" „Schreib, was er von dir will." „Na gut, aber nicht mehr. Nein, das mache ich nicht. Klaus, bringst du den Zettel zu dem Herrn?" „Mache ich." „Ihr wisst doch, dass ich nicht auf Männer stehe!" „Warte doch erst mal ab." „Ach ja, euch betrifft es ja nicht, und außerdem warte ich auf meine Mia."

Inzwischen kam Klaus mit einem weiteren Zettel. „Komm, Renate, lies vor." „Also, er will dich kennenlernen und möchte dich treffen." „Nun habt ihr es." „Komm nur, Susi, mach doch spaßeshalber mit, wir sind doch in deiner Nähe, da kann doch nichts passieren." „Aber wehe, wenn nicht! Klaus, sagst du dem Herrn: morgen im Park um sechzehn Uhr?" „Mache ich, Susi." „Ihr müsst euch aber in der Nähe aufhalten!" „Machen wir, verlass dich darauf." „Na gut."

Am nächsten Tag ging ich wie verabredet in den Park. Der Mann war überpünktlich. Er sagte: „Hallo schöne Frau" und gab mir eine Rose. „Also, ich bin der Rainer, und wie heißen Sie?" „Ich bin die Susi."

Wir gingen lange durch den Park, wir unterhielten uns über Verschiedenes.

„Aber jetzt muss ich gehen." „Sehen wir uns morgen, Susi?" „Ja, können wir machen." Er ging. „Bis morgen." „Ja, bis morgen."

Ich ging ins Café, wo meine Freunde schon warteten. „Und, was ist, Susi?" „Nun ja, er sagte, dass er im Rathaus arbeitet und für Bildung und Kultur zuständig ist, und er hat mich in der Schule schon öfter gesehen. Er scheint in Ordnung zu sein." „Was machst du jetzt, Susi?" „Was würdet ihr machen?" „Gute Frage!?" „Ja, das war alles eure Idee!"

Wir trafen uns täglich, er war so charmant. Nach einem Vierteljahr fragte er mich, ob ich ihn heiraten würde. „Rainer, ich muss es mir überlegen."

Abends traf ich mich mit meinen Freunden wieder. „Hört mal, er hat mir einen Heiratsantrag gemacht. Was soll ich machen?" „Susi, das musst du wissen." „Ich weiß es ja nicht! Ihr wisst, dass ich immer noch auf meine Mia warte, und ich will doch kein Mann!" „Ja, das wissen wir, aber du musst dich entscheiden." „Ich weiß." „Mia ist doch schon sehr lange weg und wir wissen nicht, was mit ihr ist." „Na gut, kommt ihr auf meine Hochzeit?" „Na freilich kommen wir, das weißt du doch. Und wenn was ist, wir sind immer für dich da." „Ja, das weiß ich. So, ich gehe erst mal, bis morgen." „Bis morgen, Susi."

Der Tag der Hochzeit kam immer näher, mir war richtig flau. Johann: „Susanne, ob das gut geht …“ „Ich weiß es nicht. Du weißt, Susi steht doch nicht auf Männer, und auf einmal das.“ „Susi verdrängt doch das mit Mia, sie liebt doch Mia, und weil Mia nicht mehr kam …“ „Was meinst du?“ „Dass Susi das verdrängen will.“ „Ich glaube schon. Peter, wir sind doch immer für Susi da, wenn sie uns braucht.“ „Ja, Susanne, das sind wir.“

„Unsere Susi sieht so richtig süß aus in ihrem Hochzeitskleid.“ „Ja, das stimmt!“

Ein paar Tage später …

„Habt ihr was von Susi gehört?“ „Haben wir nicht.“ „Was wird sie machen?“ „Lasst sie doch, sie wird sich schon melden. Ihre Wohnung hat sie ja auch noch hier.“

Johann und Susanne kamen aufgeregt ins Café. „Was habt ihr?“ „Susi ist nicht mehr in der Schule.“ „Warum nicht?“ „Wissen wir noch nicht!“ „Irgendwas stimmt nicht.“ Wie meinst du das?“ „Na, Susi würde doch nie aufhören, sie liebt doch ihren Beruf.“ „Ja, da ist was Wahres dran!“ „Wir müssen abwarten.“

Nach drei Monaten saßen meine Freunde wieder einmal im Café und unterhielten sich, bis Klaus sagte: „Johann, für dich, es ist Susi.“ „Was ist, Susi?“ „Johann, Hilfe!“ „Hallo, Susi? Susi, bist du noch dran?“ „Klaus, wir müssen schnell weg, kommt!“ „Was ist?“ „Ich weiß es nicht. Wir müssen zu Susi, sie hat gesagt:‚Johann, Hilfe!‘ und das Gespräch war weg.“

Sie fuhren so schnell, wie es ging, zu mir. Endlich waren sie angekommen. Johann sagte: „Susanne und Renate, ihr bleibt in Auto. Komm, Peter, wir wollen mal sehen, was mit Susi ist.“ Peter klingelte, aber es machte keiner auf. „Johann, da ist doch was, ich höre doch was!“ „Komm, Peter, geh mal zur Seite.“ „Was willst du machen?“ „Ich trete die Tür ein.“ „Das geht nicht!“ „Doch, Susi braucht uns und hier stimmt was nicht.“ „Na gut.“

Johann trat die Tür ein. Rainer kam. „Was soll das?“ „Was ist mit Susi?“ „Was soll mit ihr sein?“

Peter hielt Rainer fest. „Geh, Johann, geh und such Susi. Susi, wo bist du?“ „Hier!“ „Ich verstehe dich nicht. Wo bist du?“ Johann ging in die Stube. Er traute seinen Augen kaum, als er Susi sah. „Was ist passiert, was ist mit dir bloß geschehen?“

„Peter, komm mal!“ „Was ist?“ „Bring das Schwein mit und Susanne und Renate. Susi sieht schlimm aus. Was hat er bloß mit Susi gemacht!“ “Was ist passiert?“ „Ich weiß es nicht, Peter!“

Susanne und Renate kümmerten sich um Susi. „Johann, Susi muss so schnell wie möglich ins Krankenhaus. Ich ruf sofort an.“ Es dauerte nicht lange, da kam der Krankenwagen. Die Nachbarn hatten die Polizei geholt, aber sie wussten nicht, um was es ging.

Der Arzt sagte: „Wir mussen sie mitnehmen, sie muss so schnell wie möglich ins Krankenhaus. Es sieht nicht gut aus. Was hat die Frau bloß mitgemacht? Das ist doch nicht erst jetzt passiert.“ Sie trugen Susi raus. „Einen Augenblick mal“, sagte ein Polizist und schaute Susi an. „Wir müssen jetzt los“, sagte der Arzt. „Und den könnt ihr gleich mitnehmen“, sagte Johann zur Polizei, „das ist das Schwein! Er hat ihr das angetan.“ Die Polizei verhaftete Rainer wegen Schwerer Körperverletzung.

„Kommt, wir müssen zu Susi, sie braucht uns jetzt sehr.“ Sie fuhren ins Krankenhaus. Ich wurde noch untersucht und versorgt.

Nach einer Stunde kam ein Arzt. „Sind Sie Susis Freunde?“ „Ja, das sind wir.“ „Es sieht nicht gut aus, so was habe ich noch nie gesehen. Was hat die Frau nur die ganze Zeit aushalten müssen?“ „Können wir zu ihr?“ „Ja, aber nur ganz kurz, sie braucht viel, viel Ruhe.“

„Hallo Susi, wir haben doch gesagt, wenn du uns brauchst, sind wir da.“ „Mit leiser Stimme sagte ich: „Ja, das seid ihr.“. Der Arzt kam. „Aber jetzt müssen Sie gehen.“ „Wir kommen morgen wieder, Susi.“

Draußen war die Polizei. Sie wollten mit mir sprechen. Eine Schwester sagte: „Das geht nicht, sie ist nicht vernehmungsfähig.“ „Wir kommen morgen wieder.“ „Nein, das wird nichts, sie wurde so misshandelt, das dauert noch sehr lange. Also, wir rufen Sie an“, sagte die Krankenschwester.

Meine Freunde fuhren wieder nach Hause und gingen noch mal ins Café. „Was ist?“, fragte Klaus. „Klaus, unsere Susi!“ „Was ist mit Susi? Kommt, sagt schon, was ist mit ihr?“ „Klaus, du erkennst sie nicht wieder. Komm doch morgen mit.“ „Das mache ich." Klaus, sie wurde so misshandelt von dem Kerl, dass sie noch lebt, ist ein Wunder." „So schlimm, Johann?" „Ja, Klaus!" „Was muss unsere Susi noch alles mitmachen, hat sie nicht schon genug durch?" „Klaus, bring uns mal was zu trinken." „Ja, das mache ich."

Sie unterhielten sich noch sehr lange. „Aber Klaus, jetzt müssen wir gehen. Wir treffen uns morgen vor dem Krankenhaus um siebzehn Uhr." „Ich werde da sein, macht es gut."

An nächsten Tag fuhren sie wieder zum Krankenhaus. Klaus wartete schon. „Hallo Klaus. Du bist ja schon da." „Ja, ich bin schon eine ganze Weile hier. Kommt, lasst uns reingehen."

Sie trafen eine Krankenschwester und fragten sie: „Können wir zu Susi?" „Ja, gehen Sie nur, sie hat schon nach Ihnen gefragt."

„Hallo Susi, wir haben heute Klaus mit. Wie geht es dir, Susi?" Ich schüttelte bloß den Kopf. "Du musst durchhalten!" „Susi, wir sind für dich da." „Nicht aufgeben, das darfst du nicht. Es wird schon." Ich schüttelte bloß den Kopf. „Renate und Susanne, geht mal und sucht den Arzt und fragt ihn, was alles passiert ist. Wir können das nicht, ihr seid Frauen." „Ja, Johann, das machen wir!"

Sie brauchten nicht lange zu suchen und trafen einen Arzt. Sie fragten ihn: „Was ist alles mit Susi passiert, wie schlimm ist es?" Dann er sagte ihnen alles. „Susi hat keinen Lebenswillen mehr, es war zu schlimm, was er mit ihr gemacht hat! Es wurde zu viel in ihr kaputt gemacht!" „Danke, wir bekommen sie schon wieder auf die Beine." „Ja, das glaube ich Ihnen. Susi braucht jetzt viel Liebe, sehr viel Liebe." „Die bekommt sie von uns." „Sie kann froh sein, dass sie so gute Freunde hat."

Sie besuchten mich jeden Tag. Nach drei Wochen konnte ich nach Hause.

„Peter?" „Ja, Johann?" „Wir nehmen sie mit zu uns." „Das ist gut, alleine können wir sie nicht lassen nein, das geht nicht!" „Komm, Susi, fahren wir nach Hause. Du kommst mit zu uns und kannst bleiben, so lange du willst." „Danke, danke euch allen."

Nach einer Woche konnte ich mich öffnen. Ich fing an zu erzählen: „Ihr seid so gut zu mir, die ersten Tage war alles gut und dann ging es los. Er schlug mich, vergewaltigte mich mehrmals am Tag und beschimpfte mich. Es war so schlimm, ihr könnt euch das nicht vorstellen! Es wurde immer schlimmer, ich konnte euch doch nicht anrufen. Er nahm das Telefon mit, wenn er ging, und sperrte mich ein, wisst ihr, es war die Hölle. Die Hölle auf Erden, einmal hin und wieder zurück, ich wollte nur noch sterben. An dem Tag, als ich Johann angerufen habe, war er wieder besoffen, da konnte ich schnell anrufen. Er hat es aber gemerkt und schon bekam ich wieder eine drauf. Das andere später, ich kann nicht mehr! Ich kann nicht mehr!" „Ist schon gut, Susi. Wollen wir mal ein bisschen rausgehen?" „Ich weiß nicht, ich traue mich nicht. Ich habe Angst. Ja, Johann, ich habe große Angst!"

„Johann?" „Ja, Susi?" „Du und Peter, ihr seid die einzigen Männer, denen ich traue, auch noch Klaus. Ich bekomme Panik, wenn ich nur einen Mann sehe. Aber ein kleines Stück können wir gehen, wenn ihr mitkommt." „Susi, wir lassen dich doch nicht alleine rausgehen!" „Johann, ich möchte mal so gern ins Café." „Na komm, Susi, gehen wir."

„Hallo Klaus." „Na, Susi, wie geht es dir?" „Nicht gut, Klaus." „Das wird schon wieder, wir sind doch für dich da. Möchtest du ein Bier?" „Ja bitte."

Die Tür ging auf. „Was ist, Susi?" „Ich habe Angst." „Wir sind doch da. Schau mal, es sind Peter und Renate. Johann, wie geht es ihr?" „Wisst ihr, es wird noch sehr lange dauern. Unsere Susi hat so Schlimmes mitgemacht, ich glaube, es wird noch Jahre dauern und sie bekommt Panik, wenn sie einen Mann sieht außer uns und Klaus."

Nach einer Woche kam ein Brief vom Staatsanwalt. „Susanne, machst du ihn auf? „Ja." „Was steht drin?" „In vier Wochen ist die Gerichtsverhandlung." „Susanne, ich will nicht dort hin, ich habe Angst, ich habe große Angst." „Das brauchst du nicht, wir sind doch bei dir, Susi."

Nach und nach erzählte ich ihnen, was er mit mir gemacht hatte. Allen standen die Tränen in den Augen. „Susi, wie hast du das bloß ausgehalten?" „Ich weiß es nicht. Ich weiß auch gar nicht, warum. Wisst ihr, es gab Tage, da habe ich noch nicht mal gewusst, wer ich bin, so schlimm war es. Mir war alles egal, ich wollte nur noch sterben. Aber genug für heute, ich muss mich ein bisschen hinlegen." „Leg dich nur hin, Susi, du musst dich ausruhen."

Nach einer Stunde schrie ich plötzlich im Schlaf: „Lass mich, las mich endlich in Ruhe, nein, ich will nicht mehr." Johann ging schnell zu mir. „Was ist?" Susanne kam rein. „Was ist, Johann?" „Susi hat wieder Albträume. Hallo Susi, du bist bei uns, hab keine Angst, dir kann nichts mehr passieren, wir sind doch bei dir. „Was ist? Was ist, Susanne?" „Johann sagt, du hattest wieder einen Albtraum." Susanne nahm mich in die Arme. „Komm, es wird alles gut, wir sind bei dir."

Die Tage vergingen, aber es wurde immer schlimmer mit den Albträumen. „Johann, wir müssen mit unserer Susi sehr viel Geduld haben. Das, was ihr zugestoßen ist … ich weiß nicht, ob ich das überlebt hätte." „Ich weiß, Susanne. Und was machen wir morgen? Da ist die Gerichtsverhandlung." „Wir müssen vorher noch mal mit dem Anwalt sprechen, was das Beste für Susi ist."

Am anderen Tag fuhren wir alle zusammen in die Stadt zum Gericht. Renate und Peter mussten als Zeugen aussagen. Sie sprachen noch mal mit dem Anwalt und sagten ihm, dass ich den Kerl nicht mehr sehen wollte und konnte. „Ja, ich weiß, deshalb habe ich schon mit dem Richter gesprochen. Susi ist im Nebenzimmer und wenn sie rein muss, bringen sie ihn raus."

Die Verhandlung ging sehr lange. Endlich war es vorbei. Der Staatsanwalt forderte fünfzehn Jahre. „Und jetzt, Herr Verteidiger?" Der Angeklagte sah seinen Anwalt an. „Ja, ich will es kurz machen, nach dem, was ich gehört habe, schließe ich mich den Staatsanwalt an." „Das können Sie nicht machen!" „Doch, so was wie Sie ist mir noch nicht untergekommen. Die arme Frau, was haben Sie sich bloß dabei gedacht."

Nach einer halben Stunde kam der Richterspruch. Das Urteil: „Rainer Müller wird zu fünfzehn Jahren Haft verurteilt – führen sie ihn ab."

„Komm, Susi, es ist vorbei. Wir wollen nach Hause." „Johann?" „Ja, Susi?" „Können wir nochmal bei der Schule vorbeifahren?" „Ja, das mache ich, Susi." „Johann, ich werde nie mehr unterrichten können." „Das weißt du doch nicht!" „Doch, es geht nicht mehr, ich kann es einfach nicht mehr." „Na komm, fahren wir erst mal." „Wisst ihr, es ist alles wie ausgelöscht." „Susi, das kommt schon wieder, es braucht seine Zeit." „Meint ihr?" „Ja."

Die Wochen vergingen. Ich erholte mich nur sehr langsam. Aber die Albträume ließen nach.

Es war fast ein Jahr vergangen. „Johann, ich möchte gern in meine Wohnung, für immer, bringst du mich hin?" „Freilich mache ich das. Na komm, gehen wir." „Endlich! Ach Johann, wieder zu Hause –, das ist so ein schönes Wort! Hier war ich so glücklich." „Und das wirst du wieder werden." „Nein, es ist doch zu viel passiert!" „Susi, die Zeit heilt alle Wunden." „Ja, mag sein, aber bei mir nicht, Johann. So was kann man nicht vergessen, und die Narben bleiben." „Du bist doch noch immer sehr hübsch, Susi." „Ach, das sagst du nur so." Nein, es stimmt. Kommst du heute noch ins Café runter?" „Ja, das werde ich!" „Johann?" „Ja, Susi?" „Kannst du für mich noch ein bisschen einkaufen?" „Was brauchst du denn alles?" „Ich habe ja nichts hier. Bis nachher, Johann, du bist so lieb. Ihr alle, ich danke euch! Du hast doch noch den Schlüssel?" „Ja, habe ich." „Nicht klingeln, bitte komm einfach rein, du weißt schon." „Ja, Susi, das mache ich."

Die Zeit verging, es war jetzt ein Jahr her. Mir ging es immer besser und wir unternahmen wieder viel zusammen. Wir trafen uns jeden Tag im Café und hatten viel Spaß.

„Wisst ihr was?" „Nein …?" „Ich muss wieder arbeiten!" „Willst du denn?" „Ja, ich brauche eine Beschäftigung." „Gehst du wieder in die Schule arbeiten?" „Nein, das geht nicht mehr! Ich habe doch vieles vergessen." „Und was willst du machen?" „Das weiß ich nicht, habt ihr eine Idee? Ich kann doch nicht immer zu Hause bleiben, nein, das geht nicht." „Susi, wir werden uns was überlegen."

Ein paar Tage später kam Klaus zu mir. „Klaus, was führt dich zu mir? Na komm rein und setz dich erst mal. Möchtest du einen Kaffee oder einen Tee?“ „Wenn du einen Tee hast, nehme ich ihn gern. Susi, du willst doch wieder arbeiten?“ „Ja, das will ich.“ „Ich hätte da was für dich, aber nicht hier.“ „Und wo?“ „Es ist bei Jena. Bekannte von mir haben dort ein Hotel, du könntest dort arbeiten.“ „Klaus, das ist doch so weit weg!“ „Ich weiß, du brauchst doch nicht für immer da zu bleiben, und in deinen freien Tagen kommst du nach Hause.“ „Kann ich mir das überlegen?“ „Ja, so lange du willst.“ „Was müsste ich da machen?“ „Sie brauchen noch jemanden an der Bar.“ „Das kann ich doch nicht!“ „Susi, das ist nicht so schwer, und noch was: Ich hab ihnen von dir erzählt und was dir passiert ist. Also, du brachst keine Angst zu haben, sie passen auf dich auf, und schlafen kannst du im Hotel. So, aber jetzt muss ich erst mal runter.“ „Hab Dank, Klaus, ich sage dir Bescheid.“ „Susi, sehen wir uns noch heute?“ „Na freilich komme ich nachher.“ „Also bis nachher, Susi!“ „Ja Klaus. Aber ich komme jetzt mit runter, ich will noch mal auf den Friedhof zu Tanja.“

Auf dem Weg zum Friedhof habe ich über vieles nachgedacht. Endlich war ich bei meiner Tanja. „Ach Tanja, seit du nicht mehr da bist, geht alles schief! Erst das mit Mia und dann … ich kann es dir gar nicht sagen, es war so schlimm. Jetzt muss ich aber gehen. Bis morgen, Tanja, du fehlst mir so sehr!“

Die Zeit verging so schnell, noch einen Kaffee und dann würde ich runtergehen, meine Freunde würden schon warten. „Bin ich müde, aber es hilft nichts, wenigstens eine Stunde. Aber jetzt nichts wie los“, dachte ich.

Im Café angekommen: „Hallo Susi, bist ja heute so spät?“ „Wisst ihr, ich bin ja so müde!“ „Von was bist du so müde?“ „Ich weiß auch nicht, muss am Wetter liegen. Klaus, bringst du mir ein Bier?“ „Freilich, Susi. Und hast du mal darüber nachgedacht?“ „Ja, schon. Johann, hat Klaus schon was gesagt?“ „Was meinst du, Susi?“ „Na komm, das wisst ihr doch.“ „Ach, das mit der Arbeit.“ „Ja, das mit der Arbeit. Wollt ihr mich jetzt auf den Arm nehmen?“ „Nein, du bist viel zu schwer.“ „Komm, Peter.“ „Na gut, ja, wir wissen davon.“ „Und was sagst du, was sagt ihr?" „Susi, das musst du wissen!" „Wollt ihr mich loswerden?" „Nein, das nicht, nie. Wir bleiben immer Freunde und noch was, wir sind wie eine große Familie, das weißt du doch." „Ja, das weiß ich." „Na also." „Aber ich brauche noch ein paar Tage, so schnell geht das nicht, wisst ihr, es ist ja nicht mal gleich um die Ecke." „Das wissen wir. Susi?" „Ja, Susanne?" „Solltest du dich entschließen, dann kümmern wir uns um Tanjas Grab." „Das weiß ich, ihr seid doch auch jeden Tag auf den Friedhof bei Tanja! Aber ihr werdet mir fehlen." „Na, du uns doch auch." „Klaus, ich sage dir noch Bescheid." „Ist schon gut, Susi." „Willst du schon gehen?" „Ja, Susanne, bis morgen, macht es gut." „Bis morgen." „Jetzt schnell nach Hause, ich bin ja so müde."

Ich ging auch gleich ins Bett. Aber schlafen, schlafen konnte ich nicht. „Was mache ich bloß! Hier sind meine Freunde, die immer für mich da waren. Soll ich alles aufgeben, wo ich hier so glücklich war? Aber auch voller Trauer. Die vielen Erinnerungen …" Wie ich so nachdachte, bin ich irgendwann eingeschlafen.

Am frühen Morgen war ich schon zeitig munter. „Jetzt werde ich erst mal Kaffee machen und dann schnell unter die Dusche. Was soll ich bloß machen, ach, warum soll ich es nicht mal versuchen? Wenn es mir nicht gefällt, brauche ich ja nicht da zu bleiben", überlegte ich.

Nach dem Frühstück ging ich zu Klaus. „Hallo Klaus." „Na, Susi." „Weißt du, ich werde es versuchen." „Das ist ja schön. Wenn es dir nicht gefällt, kommst du wieder. Ist das ein Wort, Susi?" „Ja, Klaus, so machen wir das. Wir sehen uns heute Abend."

Am Abend ging ich ins Café. „Du kommst aber spät." „Wieso? Ist doch noch viel Zeit." „Susi, Klaus hat uns gesagt, dass du die Arbeit annimmst." „Ja, ich werde es versuchen. Wenn es nichts wird, komme ich wieder!" „Und wann geht es los?" „Das liegt an Klaus." „Susi, ich rufe heute noch an." „Danke, Klaus." „Ach Susi, ich mache es jetzt, ich sage dir gleich Bescheid."

Nach zehn Minuten: „Susi du kannst kommen, wann du willst." „Na gut, dann fahre ich nächsten Montag."

Die Zeit ging so schnell vorbei. Meine Freunde brachten mich zum Bahnhof, mir kamen die Tränen. „Na, na Susi, wir sehen uns doch bald wieder." „Das weiß ich doch!" „Aber was?" „Aber Abschied ist doch immer so schwer." „Na komm, so schlimm wird es nicht!" „Susi, der Zug kommt." „So, macht es gut, alle zusammen." „Susi, ruf mal an." „Das mache ich."

Der Zug fuhr los. Ich dachte: „Mal sehen, was mich dort erwartet."

Am Bahnhof wurde ich abgeholt.

„Hallo bist du, Susi?" „Ja, das bin ich!"

„Wir sind die Berdels. Klaus hat uns schon Bescheid gesagt, wann du kommst. Na komm, Susi, wir dürfen doch Susi sagen, oder?"

„Na freilich!"

„Das ist mein Mann Jochen und ich bin Evelin."

Wir fuhren los. Evelin erzählte sehr viel. „Susi, wir wissen Bescheid! Also hab keine Angst, es wird dir bestimmt gefallen bei uns!"

Nach einer Weile kamen wir an. „Komm rein." Ich stand vor dem, Hotel und sagte stotternd: „Das ist aber groß." „Hat Klaus nichts gesagt?" „Nein, nicht, wie groß es ist." Also ging ich rein.

„Ich zeige dir dein Zimmer." Ich ging Evelin hinterher. „So, Susi, das ist dein Zimmer. Was hast du, gefällt es dir nicht?" „Doch, doch, es ist sehr schön, es ist wunderschön." „Und hier ist das Bad." „Und das alles für mich?" „Ja, und wenn du willst, kannst du deine Freunde anrufen zu jeder Zeit. Packe erst mal aus und mach dich frisch! Wenn du so weit bist, kommst du runter, du musst bestimmt Hunger haben." „Ja, das hab ich." „Dann bis nachher."

Aber auspacken wollte ich jetzt nicht, erst mal unter die Dusche und dann wollte ich meine Freunde anrufen.

Als ich fertig war, rief ich an, es war Klaus am Telefon. „Hallo Susi." „Hallo Klaus." „Na, wie gefällt es dir?" „Klaus, es ist wunderschön, und Evelin und Jochen sind sehr nett." „Habe ich dir doch gesagt!" „Und das Zimmer ist so wunderschön. Sind meine Freunde schon da?" „Nein. Ruf doch noch mal später an." „Werde ich machen, bis bald, Klaus." „Lass es dir gut gehen, Susi." „Danke, Klaus."

Aber jetzt erst mal was essen! Ich ging runter. Oh, wo musste ich hin? Eine Kellnerin kam auf mich zu. „Hallo." „Hallo, bist du Susi?" „Ja, das bin ich." „Na, komm mal mit, du willst doch bestimmt was essen?" „Ja." „Ach, noch was, ich bin Carla. Setz dich, ich werde dir erst mal die Karte bringen, du kannst dir was aussuchen." „Sag mal, Carla, wie ist es hier?" „Susi, wir sind wie eine große Familie, Jochen und Evelin sind sehr, sehr nett." „Ja, das habe ich schon gemerkt." „Aber was möchtest du nun essen, Susi?" „Ist egal, bring mir einfach irgendwas." „Na gut, wenn du meinst!" „Ja, ich esse alles."

Nach einer Weile kam Carla wieder mit dem Essen. „Ist es so recht?" „Was, das alles soll ich essen?" „Wieso?" „Na, das ist doch viel zu viel!" „Komm schon, Susi, das wirst du schon schaffen! Ach so, willst du einen Saft?" „Kannst du mir ein Bier bringen, bitte?" „Na freilich."

Nach einer Weile kam Evelin und setzte sich zu mir. „Und, wie gefällt es dir?" „Danke, sehr gut." „Carla hast du ja schon kennengelernt, sie ist eine sehr Nette, aber auch die anderen. Wirst sehen, hier hast du bald Freunde." „Ja, aber ich bin …" „Ich weiß, du bist lesbisch, und was ist schon dabei? Wir wissen das! Klaus hat uns alles gesagt, und dass du eine ganz Liebe bist. Ich habe mit allen darüber gesprochen und was dir passiert ist und was du durchgemacht hast. Wir freuen uns alle, dass du hier bist! Schau dich heute erst mal um, Carla wird dir alles zeigen. Heute brauchst du noch nicht zu arbeiten! Und du wirst die anderen noch kennenlernen. Aber ich zeige dir noch deinen Arbeitsplatz, und wenn du willst, schau mal zu, es wird dir bestimmt gefallen und du wirst Spaß daran haben.

So, ich muss erst mal gehen, wir sehen uns noch."

„Na, Susi, und was sagst du? Aber jetzt stelle ich dir deine Arbeitskollegen vor." „Carla, das kann ich mir heute sowieso nicht alles merken." „Na gut, du bist doch noch länger bei uns." „Ja, das bin ich." „Susi, deine Schicht fängt morgen Abend erst an, ich habe morgen frei. Wie wäre es, wenn ich dir morgen mal die Stadt zeige? Hast du Lust?" „Ja!" „Rosi, Lusi und Ramona kommen mit, wirst sehen, die drei sind sehr lustig. Sie arbeiten auch hier, sie haben mit dir Schicht. Aber für heute erst mal

genug, bis morgen, Susi. Ich komme so gegen zehn vorbei.“
„Bis morgen, Carla.“

Ich ging erst mal auf mein Zimmer. Ach, ich wollte doch noch mal meine Freunde anrufen! Hoffentlich war es nicht zu spät. „Hallo Klaus hier ist Susi. Sind die anderen noch da?“ „Ja, Susi, warte, ich hole sie!“ „Hallo Susi, wie geht es dir?“ „Mir geht es gut, und euch?“ „Uns auch.“ „Und, gefällt es dir?“ „Ja, es ist sehr schön, sie sind alle sehr nett. Aber jetzt muss ich Schluss machen. Ich gehe noch mal runter an die Bar.“ „Aber nicht so viel trinken.“ „Nein, nein, das mache ich nicht. Bis morgen – ach, geht ja nicht, ich habe Spätschicht. Also bis bald, ihr alle zusammen.“ „Bis bald, Susi, und pass auf dich auf!“ „Ja das mache ich.“

Nun war ich schon drei Wochen hier, die Arbeit machte mir sehr viel Spaß. „Na, Susi, wie gefällt es dir?“ „Gut, ja sehr gut, Evelin!“ „Soll ich dir was sagen? Alle mögen dich sehr.“ „Danke.“ „Aber jetzt was anderes, möchtest du mal für eine Woche nach Hause fahren?“ „Oh ja, sehr gerne.“ „Dann fahre doch mal nach Hause, wir bringen dich morgen zum Bahnhof.“

Ich konnte die Zeit gar nicht abwarten. Es ging nach Hause! Obwohl es mir hier sehr gefiel und ich sehr liebe Freunde gefunden hatte freute ich mich sehr, nach Hause zu kommen und meine alten Freunde wiederzusehen.

Am frühen Morgen brachten mich Evelin und Jochen zum Bahnhof. „Bis bald, Susi, und bestelle schöne Grüße von uns!“ „Ja das mache ich.“ „Und komm wieder, wir brauchen dich. Du bist so eine Liebe.“ „Auf jeden Fall komme ich zurück!“

Der Zug kam. „So, Susi, bis bald.“ „Ja, bis bald, Evelin und Jochen, wir sehen uns bald wieder.“

„Das wollen wir doch hoffen!“

„Ach Jochen, die Susi ist so eine Liebe!“

„Ja, das ist sie, Evelin.“

„Jochen?“ „Ja, Evelin?“ „Susi ist wie unser eigenes Kind, was wir nie hatten!“

„Ja, mir geht es auch so. Na komm, fahren wir zurück.“

„Ob sie wiederkommt?“

„Warum soll sie denn nicht wiederkommen? Was hast du, Evelin?“ „Susi fehlt mir.“ „Ruf doch nachher mal an, wenn wir zu Hause sind.“

„Das werde ich machen!“

„Na komm, ruf an!“

„Hallo Klaus.“ Was ist, Evelin?“ Was hast du denn?“

„Ist Susi da?“

„Was ist denn mit Susi?“

„Ach Klaus, wir vermissen sie!“

„Jetzt schon?“ „Ja! Weißt du, Susi ist so eine Liebe, sie ist wie mein ...“

„Na was, sag schon, sag es, Evelin!“

„Sie ist wie mein eigenes Kind, das wir nie hatten, wir haben sie so lieb gewonnen! Und noch mal danke.“ „Wofür?“ „Dass du uns Susi geschickt hast, das werden wir dir nie vergessen.“ „Ich werde Bescheid sagen, dass sie euch anrufen soll.“ „Danke, Klaus.“

Am Nachmittag ging ich runter ins Café.

„Hallo Susi, das ist ja eine Überraschung!“

„Was, was für eine Überraschung?“

„Na, dass du hier bist.“

„Klaus?“ „Ja, Susi?“ „Evelin hat dich doch bestimmt angerufen und gesagt, dass ich komme.“

„Ja Susi, angerufen hat sie, du sollst sie zurückrufen!“

„Klaus, ist es was Schlimmes?“

„Nein, ist es nicht, wirklich nicht. Aber eine Frage: Was hast du bloß mit Evelin und Jochen gemacht?“

„Wieso?“

„Na komm, ruf sie an, sie warten auf deinen Anruf.“

„Muss ich wohl, oder?“

„Ja, das musst du! Hier ist der Hörer.“

„Hallo Jochen! „Hallo Susi, ich gebe dir mal Evelin.“ „Jochen?“ „Was ist denn, Susi?“ „Hier ist Evelin.“ „Hallo Evelin, ich sollte euch anrufen!“ „Ja Susi, schön, deine Stimme zu hören.“ „Was hast du denn, Evelin?“

„Susi, wir vermissen dich so sehr! Jetzt schon!" „Wieso?"

„Susi wir haben dich so liebgewonnen, du bist wie unser eigenes Kind, du weißt doch, wir haben keine eigenen Kinder. Du kommst doch wieder?"

„Ja, ich komme. Ihr seid für mich wie Eltern. Ich hab euch so lieb, konnte es euch bloß nicht sagen!"

„Danke, Susi, bis bald!"

„Ja, bis bald."

„Na, Susi?"

„Ja, Klaus, was ist?"

„Ich habe dir doch gesagt, dass sie ganz nett sind."

„Ja, das hast du, Klaus, ja, das hast du. Und ich bereue es nicht, dass ich gefahren bin und ich habe auch ganz liebe Freunde dort."

„Na sieht du. Schau mal, da kommen deine anderen Freunde."

„Hallo Susi, wie geht es dir?"

„Mir geht es sehr gut! Und wie geht es euch?"

„Uns geht es auch gut. Was machst du so, Susi, und wie gefällt dir deine Arbeit?"

„Meine Arbeit? Na komm, wisst ihr was?"

„Sag schon!" „Ich fühle mich da so wohl. Sie haben mich alle so lieb, und meine Arbeit macht mir Spaß, sehr viel Spaß!"

„Und was machst du? Wirst du dorthin ziehen?"

„Ach wisst ihr, es ist so schwer!"

„Na, was ist?"

„Ja, ich werde dort bleiben. Aber meine Wohnung behalte ich noch! Ihr schaut doch nach dem Rechten."

„Ja, das machen wir."

„Und danke, dass ihr Tanjas Grab so schön gemacht habt. Ich war schon heute bei ihr und habe einen Strauß Rosen hingestellt und ihr gesagt, dass ich jetzt in einem Hotel arbeite. Ach, könnte sie doch das alles noch miterleben!" „Ja, Susi!" „Ich vermisse sie ja so!"

„Das wissen wir Susi, sie fehlt uns auch sehr. Und wann fährst du wieder?" „Am Sonntag." „Wir bringen dich zum Bahnhof." „Danke, aber ich werde mit dem Auto fahren."

Die Zeit ging so schnell vorbei, bis ich wegfuhr. Aber Renate, Susanne, Peter und Johann waren gekommen, auch Klaus war da. „Wir haben was für dich, damit du uns nicht vergisst!" „Ach, das ist aber lieb von euch, aber ich werde euch nicht vergessen! Das ist ja ein schönes Bild von euch fünf!" Nie, solange ich lebe, und wir sehen uns doch öfters." „Ja, das werden wir. „Und nun mach schon." „Wollt ihr mich loswerden?" „Nein, auf keinen Fall."

Ich sah sie noch im Rückspiegel. Mir kamen wieder mal die Tränen. Ich hatte doch hier so lange gewohnt. Aber ich würde ja öfter hier herkommen.

Am späten Nachmittag kam ich im Hotel an.

„Hallo Carla!"

„Hallo Susi, das ist ja schön, dass du wieder da bist."

„Was gibt es Neues?"

„Ach, sehr viel. Evelin und Jochen werden auch bald kommen. Aber mehr sage ich nicht."

„Wieso, was ist?"

„Wirst selbst sehen. Willst du was trinken?" „Bringst du mir bitte einen Saft?" „Ja, ich bringe ihn dir."

Nach einer Weile kamen Evelin und Jochen. Evelin fiel mir gleich um den Hals. „Schön, dass du wieder da bist, wir haben dich so vermiest! Komm mal mit, wir müssen dich was fragen. Wir sind nicht mehr so jung, das weißt du, Susi. Wie wäre es, wenn du mit zu uns ziehen würdest?"

„Meint ihr das ernst!?"

„Ja" „Und was ist nun, Susi? Du weißt, wir haben dich sehr lieb."

„Evelin, Jochen, ja, ich komme zu euch."

„Susi, du machst uns so glücklich!"

„Ich habe euch auch sehr lieb."

„Na komm, wir zeigen dir dein Zimmer, wir hoffen, es gefällt dir. Und, was sagst du?"

„Es ist wunderschön, danke."

„Susi, du brauchst dich nicht zu bedanken, du bringst uns so viel Freude! Und du kannst immer mit deinen Freunden ausgehen. Wir sind froh, dass du bei uns bist. Und wenn du willst, brauchst du nicht mehr an der Bar zu arbeiten. Wir haben für dich ein Konto eingerichtet, und hier ist deine Karte." „Doch, ich will doch arbeiten, das macht mir viel Spaß." „Wenn es dir Spaß macht, dann arbeite halt."

Ich konnte es noch gar nicht richtig glauben. „Es ist so schön, alle sind so lieb zu mir, Evelin. Ich muss gleich mal anrufen." „Mach nur!"

„Hallo Klaus."

„Was ist, Susi?"

„Sind meine Freunde da?"

„Ja Susi!"

„Hole sie bitte mal."

„Was ist, Susi? Was hast du?"

„Wisst ihr, ich wohne jetzt bei Evelin und Jochen. Ich bin ja so glücklich, nach so langer Zeit endlich wieder glücklich!"

„Susi, das freut uns sehr!"

Die Zeit verging, mir kam es vor wie ein Traum. Wie immer fuhr ich mit meinen neuen Freunden mit dem Zug in die Stadt.

„Mädels, wollen wir noch ins Kino?" „Gute Idee, Susi. Aber wir müssen danach zum Zug." „Ja, mal sehen, was sie spielen." „Oh, der geht aber lange. Den können wir aber heute nicht sehen!" „Nein, das können wir nicht!" „Lusi, mach du mal einen Vorschlag." „Wie wäre es, wenn wir noch ein Eis essen?" „Das ist eine gute Idee. Holen wir uns noch ein Eis, aber jetzt los, es wird schon dunkel. Oder habt ihr keine Lust? Und durch den Park müssen wir auch noch." „Ja, Rosi." „Na kommt schon." Wir liefen ganz schnell.

„Hört mal, was war das? Hat da nicht jemand um Hilfe gerufen?" „Wir haben nichts gehört." „Doch, doch, das kam von da drüben! Hast du nichts gehört, Ramona?" „Nein!" „Rosi und Lusi, ihr auch nicht?" „Nein." „Aber da war doch was hinter der Hecke, jetzt wieder. Kommt, schauen wir mal nach!"

„Susi, wir haben Angst, komm, lass uns schnell weggehen von hier." „Wartet hier, ich schau mal nach, was das ist." „Nein,

Susi, es ist zu gefährlich." „Bleibt hier, ich geh mal, ich muss wissen, was das ist." „Sei aber vorsichtig." „Ja, das bin ich!"

Erstmal hob ich einen großen Knüppel auf, man wusste ja nie. Ich schlich mich ganz vorsichtig ran und sah, wie drei Kerle ein junges Mädchen vergewaltigten. Oh nein, das konnte nicht sein! Ich ging wieder zurück.

„Hört mal, ihr müsst die Polizei holen, da wird gerade ein junges Mädchen vergewaltigt." „Und was machst du, Susi?" „Ich muss da hin." „Sei aber vorsichtig." „Ja, das bin ich!

Und jetzt geht, beeilt euch." „Ja, das machen wir."

Ich schlich mich ganz vorsichtig ran. „Nein ich muss was machen, das kann ich nicht zulassen!", dachte ich. Ich schrie: „Lasst sie gehen!" und schlug mit dem Knüppel zu. Sie ließen von dem Mädchen ab. Ich sagte: „Lauf, lauf! Lauf ganz schnell weg." „Und was wird mit dir?" „Geh schon."

Ich hatte so richtig ausgeteilt, aber ich bekam auch meine Schläge. Bis bei mir die Lichter ausgingen.

Von dem Zeitpunkt an habe ich nichts mehr gewusst. Ich wachte in der Uniklinik wieder auf, sah alles verschwommen. Neben mir saß eine junge Schwester. Auf einmal verschwand sie, kam aber gleich wieder mit einem Arzt. Ich wollte was sagen, aber es ging nicht, ich hörte bloß: „Na endlich ist sie aufgewacht!" Von Tag zu Tag sah ich mehr, bis ich wieder richtig sehen konnte.

Die Schwester sagte: „Ich bin Christin, du lagst fast fünf Monate im Koma!"

Kurze Zeit später kam ein Arzt. „Wie geht es ihr, Schwester Christin?" „Wissen Sie, sie will immer was sagen, bekommt aber kein Wort raus." „Das wird sich noch geben mit der Zeit, das ist doch normal, sie hat doch die ganze Zeit die Schläuche drin gehabt. Wissen Sie, Susi, Schwester Christin saß die ganzen fünf Monate an Ihrem Bett. Auch in ihrer Freizeit, sie hat Sie nie aufgegeben. Und immer mit Ihnen gesprochen. Wir haben nicht mehr daran geglaubt, dass Sie aufwachen."

Es wurde immer besser, ich konnte auch wieder etwas reden.

„Na, Susi, wie geht es uns heute?" „Danke, gut!"

„Wie du schon weißt, ich bin Schwester Christin, ich bin noch in der Ausbildung. Aber du kannst zu mir Christin sagen! Weißt du, Susi, du hattest sehr viel Besuch, deine Freunde kamen fast jeden Tag, und auch das Mädchen, dem du geholfen hast."

„Christin, ich weiß gar nicht mehr, was passiert ist!"

„Na gut, ich werde dir später alles sagen. Aber du musst jetzt etwas schlafen, ich komme nachher wieder zu dir."

„Bleib aber nicht so lange weg, Christin. Was ist mit meinen Freunden?"

„Susi, die kommen auch noch heute, also schlaf etwas."

Ich muss sehr fest geschlafen haben, bis ich von Weitem hörte: „Hallo Susi." „Hallo Susi." „Ja, was ist denn?" „Du hast Besuch." Ich drehte mich langsam um, es waren Renate, Susanne, Peter und Johann. „Was machst du bloß, Susi?"

Mit leiser Stimme sagte ich: „Was ist eigentlich passiert? Ich weiß doch gar nichts mehr!"

„Kannst du dich an nichts mehr erinnern?"

„Nein."

„Susi ich gehe erst mal", sagte Christin.

„Nein, bleib doch."

„Susi, du willst doch mit deinen Freunden bestimmt alleine sein!"

„Bleib bitte, Christin!"

„Ja", sagte Johann „bleib hier, Susi möchte, dass du bleibst und wir auch."

„Na gut, wenn ihr wollt, bleibe ich."

„Susi, mach so was nie wieder. Als wir die Nachricht bekommen haben, sind wir gleich losgefahren. Ach so, noch viele Grüße von Evelin und Jochen und deinen Freunden, sie kommen auch noch."

„Ihr seid alle so lieb zu mir!"

„Aber jetzt müssen wir erst mal gehen, Susi, wir kommen morgen wieder. Und werde schnell gesund." „Bis morgen." „Ja, bis morgen. Christin, und danke, dass du dich so um unsere Susi kümmerst." „Danke, aber das ist doch meine Arbeit." „Ja schon, wir haben aber erfahren, dass du deine Freizeit geopfert hast und bei unserer Susi warst."

Wisst ihr, ich mag eure Susi sehr, das ist so eine Liebe."

„Ja, das wissen wir."

„Aber ich habe noch viel Arbeit mit Susi, sie muss vieles neu lernen."

„Willst du das auf dich nehmen, Christin? Das ist doch nicht deine Fachrichtung!"

„Ja, das will ich." „Und was sagen deine Eltern, dass du deine Zeit hier in der Klinik verbringst?"

„Meine Eltern? Mein Papa ist der Chefarzt hier, und meine Mama ist auch Ärztin in der Klinik."

„Na, wenn das so ist, Christin, aber du hast doch bestimmt einen Freund und willst mal weggehen?" „Nein, ich habe keinen Freund."

„Aber du bist doch so eine Hübsche und hast keinen Freund?"

„Johann?" „Ja Susanne?" „Du machst Christin aber jetzt verlegen."

„Ist schon gut, Susanne!"

„Aber jetzt müssen wir erst mal gehen, wir kommen morgen wieder."

Nicht lange hat es gedauert, da klopfte es an der Tür. Es waren Evelin und Jochen. „Kommt nur rein." „Aber jetzt lasse ich euch mal allein, Susi."

„Bleib doch Christin!"

„Ich komme doch bald wieder."

„Susi, wie geht es dir?"

„Es geht schon!"

„Aber so was machst du nicht mehr, wir haben ja so eine Angst um dich gehabt."

„Was habt ihr bloß alle, ich weiß doch gar nicht, was passiert ist!"

„Das weißt du nicht?"

„Nein, sagt es mir."

„Na kommt schon, Susi, du hast einem jungen Mädchen geholfen, das vergewaltigt wurde!"

„Hab ich das?"

„Ja, aber mit drei Männern zu kämpfen, das schafft keiner."

„Wartet mal, das war doch im Park."

„Genau."

„Ja, jetzt fällt es mir wieder ein. Und wie geht es euch?" „Uns geht es gut." „Johann, Peter, Renate und Susanne waren auch schon hier." „Das wissen wir, sie schlafen bei uns im Hotel. Wir hatten sie ja angerufen und gesagt, was passiert ist."

„Das ist aber lieb von euch gewesen, danke."

„Susi, wir lieben dich, wir lieben dich alle. Und schöne Grüße von allen. So, aber jetzt müssen wir los, wir kommen morgen wieder, und werde schnell gesund."

Als sie gehen wollten, ging die Tür auf, Christin kam rein.

„Sie wollen schon gehen?"

„Ja, wir müssen, kommen aber morgen wieder."

„Susi, du hast aber nette Eltern."

„Ja, das habe ich."

„Susi, das hast du aber lieb gesagt!", sagten Jochen und Evelin.

„Ihr seid doch meine lieben Eltern!"

„Ja, das sind wir. Bis morgen, Susi!"

„Ja, bis morgen!"

„Sag mal, Susi …" „Ja, Christin?" „Deine Eltern, sind das die Bertels, die das schöne große Hotel haben?"

„Genau, das sind sie. Was hast du, Christin?"

„Aber der Nachname?"

„Was ist damit? Na, komm mal zu mir, ich werde es dir sagen, Christin. Ich habe bei den zwei im Hotel an der Bar gearbeitet. Eines Tages haben sie zu mir gesagt:‚Susi, wir haben dich so lieb wie unser eigenes Kind, willst du zu uns ziehen!'"

„Und bist du …?"

„Ja, ich habe Evelin und Jochen auch ganz toll lieb."

„Susi, du hast so ein großes Glück gehabt! Und mit so einer Dummheit hast du fast alles …"

„Was hab ich?"

„Ich sage es dir lieber nicht. Jetzt musst du aber erst mal gesund werden, und morgen geht es los." „Christin, was geht morgen los?" „Du musst wieder laufen lernen."

„Ach Christin, aber das kann ich doch!"

„Meinst du? Na, dann setz dich mal auf!"

„Du hast recht, Christin, es geht nicht."
„Na siehst du. Ist schon gut."

Die Zeit verging. Christin war so eine Liebe und hatte sehr viel Geduld mit mir! Endlich war ich so weit, dass ich nach Hause konnte. Evelin und Jochen holten mich ab.

„Was hast du, Susi?"

„Ach, es ist nichts."

„Komm sag es, irgendwas ist doch?"

„Nun ja, es ist Christin."

„Was ist mit ihr?"

„Ich hab sie so lieb gewonnen, sie wird mir fehlen. Ihr Lächeln, ihre wunderschönen goldblonden langen Haare und ihre blau strahlenden Augen. Alles, was sie macht, sie macht es mit so viel Liebe."

„Susi, sie kann dich doch besuchen, frag sie doch mal."

„Das werde ich."

„Na geh schon, geh schon zu ihr."

„Hallo Christin, was hast du? Warum weinst du?"

„Ach es ist nichts, nichts weiter!"

„Komm, sag schon, was ist es?"

„Du fährst heute nach Hause und ich sehe dich nie wieder."

„Du kannst mich doch besuchen, Christin, so oft du willst."

„Ja, aber das ist es nicht." „Was ist es dann?"

„Susi, ich liebe dich. Ich liebe dich so sehr. Das musst du doch mitbekommen haben! Du musst wissen, dass ich lesbisch bin, und ich habe mich in dich so sehr verliebt. Und jetzt willst du von mir nichts mehr wissen!"

„Na komm mal zu mir, Christin, und hör erst mal auf zu weinen und wisch dir die Tränen ab. Du bist so eine Süße und Liebe, das passt doch gar nicht zu dir!"

„Was, Susi?"

„Dass du so weinst. Komm, wir gehen jetzt erst mal einen Kaffee trinken."

„Aber was ist mit Evelin und Jochen? Sie warten doch auf dich."

„Das geht schon in Ordnung. Na komm." Ich nahm Christin an die Hand und ging mit ihr in ein Café. „So, was möchtest du, Christin?" „Einen Kaffee." Der Kellner kam. „Was darf ich bringen?" „Zwei Kaffee bitte."

„Susi, warum sind wir hierher gegangen?"

„Weil ich dir auch was sagen muss, und hier haben wir unsere Ruhe. Christin?" „Ja, Susi?" „Ich bin auch lesbisch!"

„Ist das wahr?"

„Ja es ist wahr! Aber du weißt, dass ich viel älter bin als du." „Ja, das weiß ich, das macht mir nichts aus, Susi."

„Jetzt komm, lach mal wieder. Na es geht doch. Und Christin, was sagen deine Eltern dazu?"

„Ich habe ihnen schon gesagt, dass ich dich so lieb habe und dass ich mit dir so gern zusammen wäre." „Und was haben sie gesagt?"

„Frag sie doch. Aber sie sagten:,Wir glauben nicht, dass Susi lesbisch ist. Sei bitte nicht enttäuscht, wenn sie dir sagt, dass sie nicht auf Frauen steht. Wir wollen nur, dass du glücklich bist.'"

Wir tranken unseren Kaffee aus und gingen.

„Christin, musst du heute noch arbeiten?"

„Nein, ich habe ein paar Tage frei."

„Willst du mitkommen zu mir?"

„Ja, ja das will ich."

„Aber was sagen deine Eltern?"

„Das geht schon in Ordnung, aber ich brauche noch ein paar Sachen."

„Na komm, gehen wir erst mal zum Auto."

„Susi, was ist nun?", fragten Jochen und Evelin.

„Christin kommt mit, sie hat ein paar Tage frei. Können wir noch mal bei ihr vorbeifahren? Sie braucht noch ein paar Sachen."

„Wo wohnst du denn, Christin?"

„Nicht weit von hier!"

„Na kommt, steigt ein." Es war wirklich nicht weit.

„Bin gleich wieder zurück!"

„Lass dir nur Zeit, Christin. Na, was ist nun? Susi, jetzt bist du glücklich!"

„Ja das bin ich. Und wisst ihr, Christin ist auch lesbisch."

Nach kurzer Zeit kam Christin. „Hast du alles?" „Das habe ich, Susi!"

Wir fuhren los. Ich nahm Christins Hand und wir schauten uns die ganze Fahrt nur an und sprachen kein Wort, wir waren so glücklich, alle beide.

Jochen sagte: „Ihr zwei Hübschen, wir sind da, alles aussteigen!"

„Na komm, Christin, ich zeige dir mein Zimmer. Was hast du denn?"

„Susi, ich kann es noch nicht glauben."

„Was kannst du nicht glauben?"

„Na, dass du mich mitgenommen hast, ich bin ja so glücklich. Und ich habe gedacht, wo ich dir das gesagt habe, dass ich dich so sehr liebe, dass du mich nicht mehr anschaust. Und jetzt, jetzt bin ich bei dir. Das ist so schön, Susi."

„Aber komm jetzt, Christin, oder wollen wir noch lange hier draußen bleiben?"

„Nein, ich möchte dein Zimmer sehen."

Wir gingen rein. „So, das ist mein Zimmer, stelle erst mal deine Sachen hin." Ich schaute Christin an.

„Was hast du, Susi?"

„Ach, nichts."

„Doch, sag es bitte!" „Ich hätte nie daran gedacht, dass du zu mir kommst. Komm, gehen wir erst mal was essen. Sie werden schon auf uns warten."

Also gingen wir los. Na, das war ja eine Überraschung! Meine ganzen Freunde waren da.

„Na, Susi, wie immer!"

„Was wie immer Johann?"

„Wie immer kommst du so spät."

„Ach Johann, es ist doch noch Zeit. Aber Christin kennt ihr ja!"

„Ja, wir kennen Christin, sie hat dich ja so gut gepflegt."

„Ja das hat sie, meine Christin!"

„Was höre ich da, meine Christin?"

„Ja, du hast richtig gehört, Johann. Aber jetzt wollen wir erst mal was essen, und dann wird gefeiert."

„Was gibt es zu feiern?"

„Na was schon, Susi? Wir sind froh, dass du das alles so gut überstanden hast."

„Wenn ihr meint!“

„Aber so was machst du nicht mehr!“

„Nein!“

Ich passe schon auf“, sagte Christin, „dass sie nicht noch mal so eine Dummheit macht.“

Wir feierten sehr lange und hatten viel Spaß.

„Komm, Christin, wir gehen, lass die anderen noch feiern.“

Evelin: „Wollt ihr schon gehen?“

„Ja.“ „Evelin, ist schon gut. Schlaft schön, alle beide.“ „Das machen wir!“

„Susi, wo soll ich denn schlafen?“

„Na, wo schon? Mein Bett ist groß genug, oder willst du nicht?“ „Doch, doch.“ „Na also. Komm schon.“

„Susi, ich habe aber noch nie mit einer Frau geschlafen!“

„Du wirst sehen, wie schön das ist, Christin!“

„Und was sagst du jetzt?“

„Du hast recht, Susi, du bist so zärtlich, es ist so schön.“ Und wir küssten uns leidenschaftlich.

„Ach Susi!“ „Was ist, Christin?“ „Es ist so wundervoll mit dir!“

Am anderen Tag, es war schon sehr spät: „Christin, wir müssen aufstehen!“ „Was ist? Was ist, Susi?“ Ich gab ihr einen Kuss. „Erst mal unter die Dusche. Komm, Christin!“ „Ich bin gleich da, Susi.“

„Ist das schön mit dir!“ „Sag ich doch. Wir hatten viel Spaß zusammen. Aber jetzt müssen wir uns fertigmachen! Wir kommen sowieso zu spät.“ „Das macht doch nichts, oder?“ „Nein, das macht nichts.“

Wir gingen ins Hotel rüber. „Hallo Carla.“ „Hallo ihr zwei. Sind die anderen schon da?“ „Nein, es ist noch keiner hier. Ich weiß, ihr wollt was essen.“ „Ja, wir haben so einen Riesenhunger.“ „Geht schon mal rein, ich komme gleich.“ „Komm Christin, setzen wir uns hierher.“ „Susi du bist so lieb.“ „Du doch auch, Christin.“

Carla kam mit dem Essen. „Setz dich zu uns und iss mit uns. Na komm schon.“ „Ich hole mir bloß eine Tasse.“

„Christin, das ist auch eine sehr gute Freundin." „Susi, was machen wir nach dem Essen?" „Worauf hast du Lust?" „Ach, ich bin ja noch so müde. Gehen wir noch ein bisschen schlafen, Susi." „Meinst du?" „Ja!" „Na gut! Carla, wenn du Evelin siehst, sag ihr, wir schlafen noch ein bisschen." „Ja, Susi, das mache ich. Und nun geht schon." Wir sind doch schon weg."

„Susi?" „Ja?" „Was machen wir jetzt?" „Erst mal ein bisschen schlafen." Wir waren schnell eingeschlafen.

Es muss schon sehr spät gewesen sein, als wir munter geworden sind.

„Komm Christin!"„ Noch ein bisschen, ja?" „Na gut, aber nur ein bisschen." „Du bist so lieb, Susi." „Na, meine süße Christin?" „Was ist, Susi? Bist selbst eine Süße."

Wir kuschelten noch ein bisschen. „Ach Susi, das ist mit dir so schön, unbeschreiblich schön."

Wir hatten so viel Spaß dabei. Aber jetzt mussten wir erst mal zu den anderen. „Komm Susi, gehen wir aber schnell noch duschen." „Ja, aber schnell." „Nein schnell nicht. Das geht bei uns doch nicht, das weißt du doch!" „Gut, wenn du meinst." Wir ließen uns sehr viel Zeit.

„Aber jetzt müssen wir uns anziehen." Als wir fertig waren, gingen wir los.

„Hallo, wie geht es euch allen?"

„Na, ihr zwei!"

„Was ist mit uns?" Peter: „Habt ihr gut geschlafen?"

„Das haben wir. Wisst ihr was, das hat doch auch sein Gutes gehabt."

„Was meinst du, Susi?"

„Ihr wisst schon! So habe ich meine Christin kennengelernt."

„Ja, wenn du das so siehst!"

„Meine Christin ist ja so eine Liebe.

„Na, na Susi, übertreib nicht."

„Bist du das nicht?"

„Finde es doch heraus!"

„Fangen wir gleich an."

„Mit was?"

„Du weißt schon. Ich will doch rausfinden, ob du eine ganz Liebe bist."

„Ja Jochen, jetzt machst du Christin aber verlegen." „Mach ich nicht. Ich weiß, dass sie eine ganz Liebe ist." „Und was machen wir jetzt, Susi?" Ich sagte ihr ganz leise ins Ohr: „Christin, wir werden irgendwo hinfahren. Willst du?" „Ja, Susi. Und wohin?" „Nicht so laut, Christin." „Was habt ihr zwei? Was tuschelt ihr?" „Ach nichts, nichts weiter." „Lasst sie doch", sagte Evelin, „die zwei wollen doch alleine sein." „Evelin, wir gehen jetzt." „Ja, geht nur. Aber nimm das Telefon mit, wenn was ist, könnt ihr anrufen."

„Das machen wir. Komm Christin, wir fahren mit dem Auto." „Und wohin, Susi?" „Wohin du willst." „Dann auf die Burg, da oben ist es so schön!"

„Wenn du das willst, machen wir das, meine Süße." „Selber Süße, aber noch ein Küsschen." „Ein großes, ja, das bekommst du, ein ganz großes."

Wir fuhren los, nach einer Stunde kamen wir an.

„Susi, ist das nicht herrlich? Hier oben man kann weit ins Tal schauen."

„Das ist es, Christin. Es ist wunderschön hier oben! Hier war ich noch nicht." Ich nahm meine Christin in die Arme und schaute sie an. „Was hast du, Susi?" „Du bist so wunderschön, verlass mich nie, solange ich lebe!"

„Nein Susi, das mache ich nicht. Ich werde dich nie verlassen. Komm jetzt, gehen wir erst mal was essen und eine schöne Flasche Wein trinken."

„Christin, das kann ich nicht, ich muss doch fahren."

„Ach Susi, hier gibt es Zimmer, schlafen wir hier. Komm, fragen wir, ob noch was frei ist, der Kellner muss das wissen. Setzen wir uns erst mal."

Es dauerte nicht lange, da kam auch schon der Kellner. „Wissen Sie, ob hier noch ein Zimmer frei ist?"

„Ja, wir haben noch einige freie Zimmer." „Wir nehmen eins." „Ich sage Bescheid! Und was darf ich bringen?"

„Bitte die Karte.“ „Kommt gleich.“

„Susi, ruf doch an, dass wir auf der Burg schlafen, sie machen sich sonst große Sorgen!“

„Ja, das mache ich gleich!“

„Hallo Evelin.“ „Was ist, Susi?“ „Wir kommen heute nicht nach Hause.“ „Was ist passiert?“ „Nichts, wir machen uns einen schönen Abend und schlafen auf der Burg.“

„Ist gut, habt viel Spaß.“

„Danke, Evelin!“

„Komm, meine süße Christin, jetzt werden wir uns erst mal was bestellen. Wollen wir einen Rotwein?“ „Ja, und wie ist es mit Rouladen?“ „Ja, die esse ich am liebsten.“ „Ich auch, Susi.“

Wir waren sehr lange noch in der Gaststube. „Wollen wir jetzt gehen?“ „Gehen wir auf unser Zimmer.“ „Bringen Sie uns bitte den Schlüssel.“ „Ja, das mache ich.“ „Bezahlen tun wir morgen alles zusammen.“ „Ist in Ordnung.“

Wir hatten noch sehr viel Spaß, irgendwann sind wir eingeschlafen.

Am frühen Morgen klopfte es an der Tür. „Ja, wer ist da?“

„Evelin!“

„Was machst du denn hier?“

„Na macht mal auf!“

„Wir kommen sofort! Komm rein.“

„Susi, du hast dein Geld vergessen.“ „Oh je.“ „Ich gehe schon mal in die Gaststube, Susi. Und deine Freunde sind auch da. Macht nicht so lange.“ „Nein wir sind in zehn Minuten auch unten, na komm Christin, wir müssen uns beeilen!“ So schnell waren wir noch nie fertig. Aber jetzt nichts wie runter.

„Hallo, alle zusammen. Was grinst ihr so?“

„Susi?“ „Ja, Peter?“ „Also das haste noch nicht fertig gebracht!“

„Was meinst du?“

„Na, dass du ohne Geld losgefahren bist.“

„Kann ja mal passieren, oder?“ Ich lachte. „Was hast du?“ „Es ist doch so lustig, aber jetzt wollen wir erst mal was essen.“

„Was möchte meine Süße?“ „Dich.“ „Du hast mich doch schon“, sagte ich und gab ihr einen Kuss.

Nach dem Essen fuhren wir los.

„Susi, was machen wir heute?"

„Mal sehen. Auf was hast du denn Lust?"

„Wollen wir schwimmen gehen?" „Ja, das ist eine gute Idee!" „Das machen wir, aber erst mal nach Hause. Wir müssen uns noch umziehen und die Badesachen mitnehmen."

„Christin, brauchen wir die?" „Nein, eigentlich nicht, Susi." „Fragen wir mal die anderen, ob sie mitkommen."

„Das war doch eine schöne Nacht, Susi, oder?"

„Das war es, Christin!"

Endlich zu Hause.

„Und was habt ihr beiden heute noch vor?" „Wir wollten baden fahren, Evelin. Kommt ihr mit?"

„Fahrt nur, ihr zwei, ihr wollt doch alleine sein. Und habt viel Spaß!"

„Den werden wir haben, danke, Evelin."

„Na komm schon Christin, wir wollen los."

„Habt ihr alles?", rief Johann.

„Ja wir haben doch uns!"

„Sind die zwei nicht süß?" „Das sind sie, Evelin."

„Susi, fahr nicht so schnell." „Nein, das mache ich nicht, ihr braucht keine Angst zu haben." „Ich passe schon auf, dass Susi nicht so schnell fährt. Ich bin froh, dass ich sie habe, und will mit ihr alt werden." „Willst du das, Christin?"

„Ja, das will ich, meine Susi. Und du?" „Da gibt es doch keine Frage, Christin."

„Aber jetzt los."

Wir kamen nicht weit.

„Christin?" „Ja, Susi?" „Ich glaube, heute wird es nichts mit Baden."

„Wieso?"

„Schau mal, da drüben!"

„Oh ja, das sieht nicht gut aus, das wird bestimmt ein Unwetter geben."

„Und was machen wir jetzt? Am besten, wir fahren nach Hause."

„Meinst du? Ob wir das schaffen?„

„Ich weiß es nicht, versuchen wir es. Fahr aber nicht so schnell, Susi.“

„Nein, Christin, das mache ich nicht, das weißt du doch!“

„Schau mal, da ist eine Brücke. Dort können wir uns unterstellen.“

„Ja, ich sehe sie, das schaffen wir.“

„Meinst du?“

„Ja, wir müssen es schaffen.“

„Na was habe ich gesagt, gerade noch so.“ Aber dann ging es richtig los, doch nach einer Stunde war alles vorbei.

„Christin, wir fahren erst mal nach Hause!“

„Ja Susi, wir haben doch noch so viele Tage vor uns.“

„Das haben wir. Was, ich denke, wir bleiben für immer zusammen und du sprichst von Tagen?“

„Ich meine doch, wo ich meine freien Tage habe.“

„Ach so.“

„Hier sieht es aber nicht gut aus, das Unwetter muss ganz schön schlimm gewesen sein!“

„Wir haben es gleich geschafft und sind zu Hause.“

„Susi, was machen wir heute Abend noch?“

„Mal sehen. Wollen wir heute Abend ins Kino?“ „Ja, das können wir machen. Komm, wir sind da, gehen wir erst mal rein.“

„Hallo!“

„Na ihr zwei, schön, dass ihr da seid. Ist euch nichts passiert?“

„Nein, uns geht es gut, wir hatten Glück und standen unter einer Brücke. Warum?“

„Wir haben uns große Sorgen gemacht!“

„Evelin, uns geht es sehr gut. Wir werden erst mal was essen und legen uns nachher ein bisschen hin.“ „Was wollt ihr denn essen?“

„Christin, isst du Fisch?“ „Ja, sehr gerne, Susi.“

„Evelin: „Ja, vom Fisch ist da noch was da! Ich sage dem Koch Bescheid, ihr bekommt euren Fisch!“

„Wir gehen uns bloß umziehen, Evelin. Wo sind denn die anderen?“ Alle im Park, da hat es paar Bäume entwurzelt, die müssen weggemacht werden." „Nach dem Essen gehen wir mal zu ihnen."

„Ich denke, ihr wollt schlafen?"

„Das können wir doch immer noch, vielleicht brauchen sie uns."

„Geht euch erst mal umziehen und kommt dann essen." „Das machen wir."

Ich nahm meine Christin an die Hand und wir gingen aufs Zimmer.

„Susi!"

„Ja, Christin?" „Evelin ist ja so eine Gute und Liebe."

„Das ist sie. Christin, du bist aber auch eine ganz Liebe!"

„Meinst du?"

„Ja, du bist eine ganz Liebe!"

„Du aber auch, Susi."

Ich legte mich aufs Bett.

„Was hast du, Susi?" „Ich weiß nicht." „Soll ich Evelin holen?"

„Wieso? Du bist doch Krankenschwester!"

„Na ja, ich will eine werden."

„Komm mal zu mir" Christin, na komm schon."

„Was hast du, Susi?"

„Ich hab schon lange kein …"

„Na was, sag schon!"

„Keinen Kuss mehr von dir bekommen."

„Ach so."

„Ja, meine liebe Christin!", sagte ich und nahm sie ganz zärtlich in die Arme. „Das müssen wir nachholen! Aber ganz schnell jetzt." „Ja, das machen wir."

Auf einmal klingelte das Telefon. „Ja, wer ist dran?" „Ich bin es, Carla. Euer Essen wird kalt!"

„Wir kommen, wir kommen, Carla."

„Ist gut, Susi. Habe ich euch gestört?"

„Nein, das hast du nicht!"

„Komm, wir müssen erst mal gehen, aber heute Abend holen wir alles nach." „Das machen wir, Susi!"

Wir gingen singend ins Hotel.

„Was habt ihr?"

„Wieso?“

„Na, ihr seid so fröhlich!“

„Sind wir doch immer, oder, Carla?“

„Nun ja, das schon. Ich habe dich, Susi aber noch nie singen gehört!“

„Das hast du nicht, das stimmt. Carla, ich bin ja so glücklich, endlich, nach so vielen Jahren. Christin ist so eine Liebe. Aber jetzt muss ich erst mal was essen.“

„Und was wollt ihr trinken?“

„Ich nehme ein Bier!“ Christin schaute mich an. „Was ist, Christin?“ „Kein Bier, Susi.“ „Also, Carla, kein Bier. Bringst du uns eine schöne Flasche Weißwein? Zu Fisch gehört Weißwein.“

„Ist schon gut“, meine Christin.

„Ja, ich bringe euch eine Flasche Weißwein!“

Nach einer Stunde waren wir fertig.

„Carla, sagst du dem Koch bitte, dass der Fisch sehr gut war?“

„Ja, das mache ich.“

„Danke, Carla.“

„Und jetzt gehen wir erst mal zu den anderen. Carla, wir gehen in den Park. Na komm, Christin.“ Wir waren so fröhlich und sangen wieder.

„Hallo, wer kommt denn da? Wie geht es euch allen?“

„Uns geht es gut!“

„Und euch brauchen wir ja nicht zu fragen, ihr seid ja so fröhlich.“

„Ja, das sind wir. Können wir mithelfen?“

„Wollt ihr, ja?“ „Ja wir wollen euch helfen. Also, was sollen wir machen?“ „Die Äste müssen alle von hier weg.“ „Das machen wir, und wohin?“ „Auf den Weg da vorn, die werden morgen abgeholt.“ „Na, dann wollen wir mal, Susi.“ Und wir sangen bei unserer Arbeit.

„Jochen, ist das nicht schön, wie die zwei singen?“ „Ja, Evelin es ist so wunderschön!“

„Und was sagt ihr alle?“ „Ja, so kennen wir unsere Susi, sie hat mit Tanja auch immer gesungen. Es ist aber schon lange her! Mit Christin zusammen, das klingt so schön. Jetzt geht es weiter, wir sind doch bald fertig. Lasst uns noch den beiden eine Weile zuhören."

Nach zwei Stunden hatten wir es geschafft.

„Christin und Susi, habt ihr nicht Lust und wollt ihr nicht mal alle beide abends in der Bar singen?" „Wir? Meint ihr das ernst? "

‚Ja, das meinen wir!" „Und ich spiele auf meiner Gitarre." „Willst du das, Peter?" „Für euch immer." „Na gut, wenn ihr das wollt. Was sagst du, Christin?" „Susi das machen wir. Schau mal, sie haben so viel für dich getan, alle deine Freunde."

„Evelin und Jochen, ja, wir werden singen, wir werden für euch alle singen! Als kleines Dankeschön für alles, was ihr für mich getan habt! Aber jetzt gehen wir erst mal duschen. So, wie wir aussehen, das geht nicht. Und umziehen müssen wir uns auch noch, in einer Stunde sind wir wieder da. Wir sehen uns nachher!"

„Susi, schaffen wir das in einer Stunde?"

„Das müssen wir. Na komm, gehen wir rüber, wir haben nicht viel Zeit."

„Susi, ich habe ja keine Sachen mehr zum Wechseln!"

„Ja du hast dich ja so schmutzig gemacht, Christin!"

„Susi, du siehst auch nicht besser aus."

„Ich weiß doch, Christin. Schau mal im Schrank nach und such dir was aus. Du hast doch meine Größe. Nimm, was du möchtest und was dir gefällt!"

„Danke, Susi, du bist so lieb!"

„Und komm dann unter die Dusche." „Ich bin gleich da."

Wir nahmen uns in die Arme und ließen das Wasser auf uns rieseln, wir vergaßen fast die Zeit.

„Mit dir ist es immer so schön, Susi!"

„Mit dir auch, Christin."

„Sie werden schon auf uns warten! Bist du fertig?" „Gleich! Und du?"

„Auch!"

„Komm, lass uns jetzt gehen." „Ich komme." „Was wollen wir singen?" „Wie wäre es mit diesem‚Es kann nicht immer die Sonne scheinen'?" „Ja, das machen wir, wenn wir gleich reingehen."

Sie waren schon alle da. Wir fingen an zu singen, es wurde ganz still und alle hörten uns zu. Auch viele Gäste waren gekommen.

Als wir fertig waren, bekamen wir viel Beifall. Das war sehr schön. „Wir sind doch noch lange nicht fertig, es geht gleich weiter."

Der Abend war so wunderschön, alle haben sich bei uns bedankt.

„Ihr zwei seid ein Geschenk für uns alle. So, jetzt noch eins." „Das ist aber das letzte.‚Die letzte Rose in unser'm Garten', kennst du das, Peter?" „Ja, das kenne ich." „Fang an, Peter."

Wir sangen noch das letzte Lied, danach sagten sie alle: „Ihr habt uns heute so viel Freude gemacht."

„Evelin, und ihr wart alle immer so lieb. Die ganze Zeit schon, seit ich bei euch bin, und jetzt auch zu Christin. Uns hat es Freude gemacht, auch mal was zurückzugeben. Aber jetzt gehen wir erst mal schlafen!" „Macht das." „Wir wünschen euch eine schöne gute Nacht." „Oh, das werden wir haben, bis morgen, alle zusammen."

„Komm, Christin, gehen wir auf unser Zimmer!" „Ach Susi, ich bin ja so müde." Wir gingen gleich ins Bett. „Ich bin auch so müde. Wir werden erst mal richtig ausschlafen." „Das machen wir."

„Susi?" „Ja, Christin?" „Das Telefon klingelt." „Lass es klingeln oder frag, wer dran ist." „Ja, das mache ich. Hallo, wer ist da?", fragte Christin noch ganz verschlafen.

„Bist du das, Christin? Wollt ihr nicht aufstehen?" „Wieso?" „Es ist schon nach vierzehn Uhr." „Wir sind doch noch so müde, Evelin. Nur noch ein bisschen, ja?" „Aber nicht mehr so lange." „Nein. Noch eine halbe Stunde, ja?" „Gut, noch eine halbe Stunde."

„Wir müssen aber jetzt aufstehen, Susi. Sie warten auf uns." „Lass sie warten, meine Süße. Erst bist du dran." „Susi, was hast du vor?" „Wirst schon sehen. Na, wie ist das?" „Oh ja, das ist so schön, noch mal bitte." „Noch mal, und so oft du willst."

„Aber wir müssen jetzt erst mal aus den Federn, heute Abend machen wir weiter." „Ja, das machen wir. Susi, du bist so lieb!"

„Du doch auch!“

„Ich möchte immer bei dir bleiben.“

„Willst du?“

„Ja, das will ich!“

„Ich kann dich ja von hier aus auf die Arbeit fahren und auch wieder holen.“

„Ja, ja, ich bleibe bei dir!“

„Aber jetzt komm, wir gehen erst mal zu den anderen.“ „Machen wir, aber was sagen Evelin und Jochen?“ „Frag sie doch.“ „Ich trau mich nicht!“

„Lass nur, ich sage es ihnen.“

„Hallo, ihr Langschläfer, wie geht es euch?“ „Uns geht es gut. Ich möchte euch mal was fragen …“ „Was hast du, Susi?“

„Christin möchte für immer hier bleiben, ihr habt doch nichts dagegen?“ „Willst du das, Christin?“ „Ja, ich möchte bei meiner Susi bleiben!“

„Dann bleib bei deiner Susi, wir haben nichts dagegen.“

„Aber jetzt wird erst mal was gegessen!“

„Wo sind denn die anderen?“ „Im Park, noch ein bisschen aufräumen.“ „Wir gehen nachher zu ihnen.“ „Nein, nein, macht euch einen schönen Tag. Wenn Christin bei dir bleiben will, müsst ihr noch ihre Sachen holen.“

„Und ich hole mal das Auto!“ „Ich warte hier so lange, Susi.“ „Ich bin gleich wieder da, bis gleich.“

„Evelin, ihr seid so lieb!“ „Christin, du bist doch eine ganz Liebe, und du hast unsere Susi so glücklich gemacht. Susi hat so viel Schlimmes in ihrem Leben durchgemacht. Aber das soll sie dir selbst alles sagen.“ „Ja, Evelin, ich werde sie nicht darauf ansprechen.“

„Gib ihr Zeit, sie braucht ihre Zeit. Susi wird es dir eines Tages sagen.“

„Evelin, ich werde jetzt gehen. Susi wird schon warten.“ „Viel Spaß, alle beide.“ „Danke.“ „Susi soll nicht so schnell fahren.“ „Ich werde schon aufpassen, mach dir keine Sorgen.“ „Und nun geh schon, Christin.“

„Wir sehen uns heute Abend.“

„Christin, können wir losfahren?“ „Ja, ich bin so weit. Aber fahre nicht so schnell, Susi.“ „Nein, das mache ich doch nicht.“

„Und was machen wir heute noch?“ „Erst mal zu dir, alle deine Sachen holen.“ „Und danach?“ „Das, worauf wir Lust haben, da wird uns schon was einfallen.“

„Susi, ist das nicht schön, dass wir zusammen sind und ich bei dir mit wohnen darf, ich bin ja so glücklich.“

„Christin, ich hab dich ja auch so lieb.“

„Aber komm, wir sind da.“

„Was werden deine Eltern sagen?“

„Das habe ich dir doch schon gesagt, sie wollen, dass ich glücklich bin.“

„Ja, das hast du.“

„Und ich bin mit dir so glücklich.“

„Aber jetzt gehen wir erst mal rein. Na komm, hab keine Angst, meine Eltern beißen nicht. Du kennst sie ja schon.“

„Aber das war doch was anderes!“ „Bist du dir sicher?“ „Ja, das bin ich.“

„Hallo Mama!“

„Na, Christin, wie geht es dir?“

„Mama, mir geht es sehr gut, ich bin doch so glücklich! Mama, Susi kennst du ja. Sie ist eine ganz Liebe und wir sind zusammen. Wo ist Papa? Er muss gleich kommen.“ „Setz dich doch, Susi. Soll ich dir ein Tee machen?“ „Ja, danke.“ „Susi, du kannst ruhig Bärbel zu mir sagen.“

„Mama, ich will ein paar Sachen holen. Ich darf bei Susi wohnen, du hast doch nichts dagegen?“ „Nein, Christin. Susi ist doch so eine Liebe, du weißt doch, wir sind kaum zu Hause. Ich glaube, jetzt kommt dein Papa.“ „Was wird er sagen, wenn ich bei Susi wohnen will?“

„Christin ich werde mit ihm reden.“

„Hans, das ist Susi. Du kennst sie ja.“ „Ja wir waren so froh, dass sie alles so gut überstanden hat. Wie geht es dir, Susi?“ „Danke, mir geht es sehr gut.“ „Aber was habt ihr?“ „Komm setz dich erst mal, macht es nicht so spannend.“

„Deine Tochter möchte mit zu Susi ziehen, die beiden sind jetzt ein Paar.“

„So was habe ich mir schon gedacht. Sie hatte ja das schon mal gesagt, dass sie in Susi verliebt ist!“ „Und was ist nun Papa, sag doch was?" „Was soll ich dazu sagen, ich habe nichts dagegen." „Danke Papa, du bist der Beste!" „Aber ihr bleibt doch noch zum Abendessen?" „Ja, wir bleiben. Ich schaffe nur ein paar Sachen ins Auto." „Christin, die Schule fängt erst in einer Woche wieder an. Wie wäre es, wenn du bis dahin noch freimachst? Du warst doch die letzten fünf Monate nur in der Klinik und hast dich so liebevoll um Susi gekümmert!" „Ich hab dich ja so lieb, Papa."

„Hans, das Telefon klingelt." „Ich gehe schon, Bärbel." „Was ist, Hans?" „Wir müssen beide noch mal in die Klinik, es wird länger dauern. Also, ihr beiden, wir sehen uns. Und ruft mal an, wie es euch geht." „Ja, das machen wir."

„Christin, deine Eltern sind ja ganz nett." „Ja, das sind sie." „Hast du alles?" „Habe ich, Susi. Wollen wir losfahren?" „Ja."

Nach einer halben Stunde waren wir zu Hause. „Komm, lass uns erst mal reingehen." Ihr seid ja schon da. Und, Christin, was haben deine Eltern gesagt?" „Ich darf bei meiner Susi bleiben, wir müssen nur noch das Auto ausladen, aber das hat Zeit. Und mein Papa hat mir noch eine Woche freigegeben."

„Wie ist es, wenn ihr beide morgen mit nach Schönberg fahrt? Wir müssen wieder nach Hause, der Urlaub ist leider vorbei."

„Susi ich würde gern deine Heimat sehen." „Ja, Renate, wir kommen mit."

„Und wann fahren wir morgen los?" „Gleich nach dem Frühstück, so um zehn." „Wir werden da sein!"

„Evelin?" „Ja, Johann?" „Machst du die Rechnung fertig?" „Was für eine Rechnung? Johann, ihr wart unsere Gäste. Und außerdem seid ihr gute Freunde von Susi! Wir wollen kein Geld von euch! Ihr könnt immer kommen, wenn ihr wollt, und Susi freut sich auch, wenn ihr da seid."

„Evelin?" „Ja, Susi?" „Wir werden erst mal das Auto ausladen und unsere Sachen für morgen packen." „Hoffentlich hält das Auto durch." „Das wird es schon."

„Johann?" „Ja, Evelin?" Ich glaube jetzt auch, dass das Schicksal die beiden zusammengeführt hat.

Die zwei sind ja so glücklich!"

„Ich hätte auch nie gedacht, dass unsere Susi noch mal so glücklich sein kann. Wo sie doch so viel in ihrem Leben durchmachen musste. Von ihren Eltern hat sie keine Liebe bekommen, obwohl sie öfter geschrieben hat, kam nie eine Antwort, bis heute nicht. Sie wissen gar nicht, was sie für eine liebe Tochter haben. Susi ist voller Liebe und ihre Liebe gibt sie weiter.“ „Ja, sie gibt sie weiter an den Menschen, die sie lieben. Evelin, sie war oft sehr traurig! Sie hat sich aber nichts anmerken lassen. Wir haben es aber gemerkt, dass ihr Herz voller Trauer war. Bis sie mit Tanja zusammen war. Susi hatte Tanja ihr ganzes Herz geschenkt, du hättest die beiden sehen müssen. Ihre Güte und Hingabe und Fröhlichkeit, und Tanja hat Susi auch so sehr geliebt, die beiden waren unzertrennlich. Aber du weißt ja das andere …“ „Ja, Johann, das hat mir Klaus alles gesagt. Johann, wir lieben Susi so sehr und wir wollen sie nicht mehr missen, sie bringt uns so viel Liebe und Freude. Ihr Lächeln, ihre Ausstrahlung und ihre lieben Worte Tag für Tag.“

„Ja, Evelin, so kennen wir sie, schon wo sie zu uns kam nach Schönberg.“

„Aber heute machen wir erst mal Schluss, bis morgen, Johann.“ „Ja, Evelin, wir sehen uns morgen früh.“

Alle waren schon sehr früh auf. „Wo sind unsere zwei?“ „Die werden noch schlafen! Lasst sie noch ein bisschen schlafen, es ist doch noch Zeit.“ Renate sagte: „Hört mal, sind sie das nicht?“ „Ja, das sind sie, und wie schön sie wieder singen.“

„Hallo, alle zusammen.“ „Ihr seid ja so fröhlich!“ „Sind wir das nicht immer?“ „Ja, das seid ihr.“ „Wir konnten nicht schlafen und waren schon beim Bäcker, aber lasst uns erst mal das Frühstück machen.“

„Was habt ihr?“ „Was ist, Jochen?“

„Susi dein Auto …“ „Was ist mit meinem Auto?“ „Ich habe es mir mal an angesehen. Und ich weiß nicht, ob ihr damit bis nach Schönberg kommt!“ „Ach, das geht schon.“ „Ich weiß nicht, ich will es mir noch mal genauer ansehen. Kommt ihr zwei mal mit?“ „Müssen wir wohl, Jochen.“ „Na kommt, gehen wir zur Garage, wir wollen, dass ihr gut und sicher nach Schönberg kommt und wieder zurück und nicht, dass ihr irgendwo eine Panne habt."

„Jochen, das ist nicht unser Auto! Meins steht neben Susis." „Doch, das ist euer neues Auto, hier sind die Papiere und Schlüssel." „Was soll ich sagen, habt alle beide tausend Dank. Jochen, ihr seid so gut zu uns!" „Susi, seit du bei uns bist, hast du uns so viel Freude gemacht, und jetzt mit Christin eure Offenheit, Fröhlichkeit und Unbeschwertheit, das überträgt sich auf jeden von uns! Durch euch ist das Haus voller Liebe und Freundlichkeit. Aber jetzt gehen wir erst mal rein. Na ihr zwei, das war eine Überraschung, oder?" „Das könnt ihr glauben. Evelin, vielen, vielen Dank."

„Christin?" „Was ist, Susi?" „Wollen wir unsere Sachen gleich in unser neues Auto schaffen?"

„Lass uns erst mal was essen!" „Ich bin doch so aufgeregt." „Das verstehe ich, aber erst wird gegessen." „Na gut, meine Süße", und ich gab ihr einen Kuss. „Christin, ich hab dich ja so lieb, ich hab dich so sehr lieb." „Ich liebe dich auch, dass ich es nicht beschreiben kann."

„He ihr zwei, aber jetzt erst mal was essen!" „Wir müssen bald los, wir beeilen uns doch schon!"

Nach einer halben Stunde sagten wir: „Wir sind fertig." „Na geht schon." „Wir sind schon weg. Komm Christin." „Ich beeile mich doch schon!"

„Wisst ihr, die zwei sind ja so glücklich. Johann, fahrt nicht so schnell." „Nein, das machen wir nicht! Aber wir müssen jetzt auch los, ob unsere zwei schon fertig sind?" „Bestimmt nicht.

Evelin und Jochen, habt schönen Dank für alles!" „Das haben wir doch gerne getan. Johann, Peter, Renate und Susanne, kommt bald mal wieder!" „Ja, das machen wir, aber ihr müsst auch mal zu uns kommen." „Ja, sowie wir Zeit haben!"

„Oh, unsere zwei sind ja schon so weit!" „Evelin, Jochen, noch mal schönen Dank für das Auto, wir sehen uns bald wieder."

„Nun fahrt schon. Susi, hast du dein Telefon?" „Ja." „Und du, Christin, hast du eins?" „Ich brauche doch kein Telefon! Es reicht doch, wenn Susi eins hat. Wir bleiben doch immer zusammen." „Hier, wenn deine Susi mal nicht da ist. Nimm schon." „Danke, Evelin."

„Susi, brauchen wir lange, bis wir da sind?" „Nein, nicht ganz zwei Stunden. Zu Mittag sind wir in Schönberg. Christin, willst du nicht auch den Führerschein machen?" „Susi, ich habe doch einen. Aber noch nicht so lange. Hier ist meine Fahrerlaubnis, siehst du. Warum halten wir, Susi?" „Ich lasse dich jetzt fahren." „Nein, das geht doch nicht!" „Und warum soll das nicht gehen? Hab keine Angst, Christin, ich bin doch bei dir. Na komm schon." Wir wechselten die Plätze.

Im anderen Auto: „Johann, fahr mal langsamer, ich sehe die zwei nicht mehr." „Da kommen sie doch, Susanne." „Hast recht."

Nach einer Stunde kamen wir in Schönberg an. „Und, wie war es, Christin?" „Susi, es war so schön. Warum hast du nicht schon eher was gesagt?" „Was, Susi?" „Na, dass du die Fahrerlaubnis hast." „Du hast mich doch nicht gefragt." „Da hast du recht!"

„So ihr zwei, sehen wir uns heute Abend bei Klaus?" „Ja, wir kommen runter. Na komm, Christin, gehen wir erst mal hoch."

Oben angekommen: „Ich muss bloß den Schlüssel suchen." „Susi?" „Ja, was ist, Christin?" „War das der, der auf dem Tisch in unserem Zimmer liegt?" „Ja." „Na, da liegt er gut, wir haben ihn vergessen. Und was machen wir jetzt?" „Aber das macht nichts, Christin. Wir gehen runter ins Café zu Klaus, er hat auch noch einen." „Und wenn er nicht da ist, Susi?" „Klaus ist da!"

„Mal sehen, wer zuerst unten ist, Susi." Wir rannten die Treppe runter. „Ich habe gewonnen", sagte Christin und hielt ihre Arme auf. „Jetzt bekomme ich eine schöne Belohnung!" „Und was möchtest du?" „Na was schon, einen schönen Kuss." „Das sollst du haben."

„Las uns jetzt reingehen." „Na hallo, wer kommt denn da? Unsere Susi! Und wer ist die Schönheit an deiner Seite?" „Das ist meine Christin! Klaus, wir haben den Schlüssel vergessen. Du hast doch noch einen." „Ja, ich hole ihn gleich." „Danke, Klaus."

„Wollt ihr nicht noch bleiben?" „Wir kommen heute Abend runter, unsere Freunde sind auch da, wir sind zusammen gekommen."

„Bis heute Abend, ihr zwei, aber jetzt geht es erst mal hoch."

„Ja, ich möchte deine Wohnung sehen!" Wir rannten die Treppe hoch. „Ich bin wieder Sieger." „Na warte nur, wenn wir drin sind." „Was ist dann?" „Wirst schon sehen."

Ich schloss die Tür auf. „Komm rein, Christin. Das ist meine Wohnung." „Susi, die ist aber schön!"

„Hier vorn ist das Bad, daneben das Schlafzimmer." „Das Schlafzimmer?"

„Ja, was ist damit?" „Komm, lass uns ein bisschen kuscheln." „Du willst kuscheln, ja?" „Ja, Susi, das will ich." „Also, wenn du das willst, kuscheln wir jetzt. Komm zu mir." Wir ließen uns aufs Bett fallen.

„Sag nichts, Christin." Wir küssten uns leidenschaftlich und hatten uns ganz lieb.

„Jetzt müssen wir aber erst mal was einkaufen."

„Susi, du hast mich so glücklich gemacht, verlass mich nie." „Nein, das mache ich nicht, glaube mir, Christin. Du bist mein kleiner Engel, ich bin ja so glücklich mit dir. Aber jetzt gehen wir erst mal los, willst du nicht mitkommen?" „Doch. Schließt du nicht zu?"

„Jetzt nicht, wir bleiben doch nicht lange. Keine Angst, hier geht keiner rein, die Leute passen schon auf."

Wir gingen die Straße entlang und sangen wieder und waren so lustig. „Christin, wir sind da." „Ach, wer kommt denn da? Euch sieht man nicht, aber hören tut man euch zwei schon von Weitem." „Ja, Susanne. Wir sehen uns heute Abend, ja?" „Bis heute Abend!"

„Haben wir alles, Susi?" „Ich weiß nicht." Wir überlegten, uns fiel nichts mehr ein.

„Gehen wir zur Kasse." Die Kassiererin: „Hallo Susi, wie geht es dir? Ist das deine Freundin?" „Ja, das ist meine Christin." „Bleib ihr jetzt hier?" „Nein Eva, bloß eine Woche!" „Schade, dass ihr wieder weggeht." „Wieso?" „Es wäre doch schön, wenn ihr hier bleiben würdet."

„Aber jetzt müssen wir erst mal bezahlen Eva, wir müssen los, wir sehen uns doch noch."

„Susi, das ist aber ein schöner Ort." „Ja, Christin, hier war ich mal so glücklich!"

„Wie meinst du das, hier warst du mal so glücklich?“ „Lass uns erst mal nach Hause gehen, bei einer Tasse Kaffee werde ich dir alles erzählen.“

„Wir haben es geschafft, Susi, jetzt erst mal auspacken.“ „Christin, machst du den Kaffee?“ „Ja.“ „Ich decke gleich den Tisch.“ „Susi, wer ist das auf den Fotos?“ „Das hier ist Tanja und das ist Mia. Setzen wir uns, Christin. Tanja habe ich kennengelernt, da war ich noch sehr jung. Das war unten im Café, es war sehr lustig. Ich habe Tanja sehr geliebt, wir waren unzertrennlich! Wir haben alles zusammen gemacht.“ „Was ist passiert, Susi?“ „Tanja wurde sehr krank, sie starb an Leukämie. Wir waren fünfzehn Jahre zusammen. Christin?“ „Ja, Susi?“ „Tanja starb in meinen Armen, für mich brach eine Welt zusammen. Ich konnte es nicht begreifen. Tanja war so eine Liebe, lebensfroh und immer lustig. Wir sangen auch immer, wie wir es tun, und auf einmal, auf einmal war alles vorbei. Für mich war alles so sinnlos geworden. Nach einem Jahr kam Mia ins Café. Ich war mit Mia ein Jahr zusammen. Ihre Mutter wurde krank und ich sagte, sie solle doch mal nach Hause fahren. Nach einer Woche wollte sie wiederkommen. Bis heute habe ich kein Lebenszeichen von ihr erhalten. Aber jetzt trinken wir erst mal Kaffee.“

„Susi?“ „Was hast du, Christin?“ „Zeigst du mir, wo Tanjas Grab ist?“ „Ja, wir gehen nach dem Kaffeetrinken zu ihr.“

„Kannst du mich auch so liebhaben, wie du Tanja geliebt hast?“ „Christin, ich liebe dich doch genauso sehr. Und verlass mich nie, Christin, das würde mir das Herz brechen!“ „Susi, hab keine Angst, ich verlasse dich nicht! Ich bin mit dir doch so glücklich.“

„Wollen wir jetzt los?“ „Ja, wir gehen, Susi. Ich will aber noch ein paar Blumen für Tanja kaufen.

Wo gibt es welche?“ „Aber du brauchst das nicht.“ „Susi, wo ist der Blumenladen?“ „Noch ein Stück, wir sind gleich da!“

„Hier ist er, komm, gehen wir rein.“ „Susi, schön, dass du da bist. Und wie geht es dir?“ „Sehr gut, Anne. Und das ist meine Christin.“ „Was möchtet ihr?“ „Einen großen Strauß Rosen“, sagte Christin. „Soll ich sie einpacken?“ „Nein, bitte nicht!“

„Und jetzt zeigst du mir, wo Tanjas Grab ist." „Ja, das mache ich, Christin." „Susi, ich muss noch mal schnell in den Blumenladen, ich habe was vergessen. Bin gleich zurück."

„Hallo. Hast du was vergessen, Christin?" „Geben Sie mir bitte noch mal so einen schönen Strauß Rosen und eine Karte dazu. Kann ich sie gleich hier schreiben?" „Ja, klar.".

Christin schrieb: „Meine liebe Susi, die Rosen sollen dir sagen, wie sehr ich dich liebe! Und immer lieben werde. Deine Christin."

„Jetzt muss ich los."

„Susi?" „Ja, Christin?" „Ich habe dich so lieb und diese Rosen sollen dir sagen, wie sehr ich dich liebe, meine Susi." „Das ist aber süß von dir!" „Und jetzt gehen wir zu Tanja." „Das machen wir."

„Schau, hier ist meine Tanja." „Das Grab ist aber wunderschön! Ist irgendwo eine Vase?" „Ja, ich hole sie."

Ich hörte, wie Christin sagte: „Tanja, du warst eine außergewöhnliche Frau. Susi liebt dich immer noch sehr und spricht sehr viel von dir. Ich hoffe, Susi liebt mich genauso, wie sie dich liebt, und ich werde auch dafür sorgen, dass sie dich nie vergisst."

„Hier ist die Vase, lass uns die Rosen hinstellen."

„Tanja, wir kommen morgen wieder", sagte Christin und wir gingen.

„Christin?" „Ja, Susi?" „Du bist aber auch eine außergewöhnliche Frau. Du bist so liebevoll. Ich habe gehört, was du an Tanjas Grab gesagt hast."

Ich nahm Christin in die Arme und drückte sie ganz fest und sagte ihr: „Ich hab dich so sehr lieb. Ja, genauso lieb, wie ich Tanja hatte." „Susi, nicht hatte, sondern hast! Du liebst deine Tanja immer noch sehr. Vergiss sie nie, das darfst du nicht. Du darfst sie nie vergessen, versprich mir das."

„Christin, ich verspreche es dir."

„Jetzt müssen wir uns aber beeilen. Oder wollen wir gleich ins Café gehen?" „Ja, das können wir machen, Susi. Wir müssen aber noch Evelin und Jochen anrufen." „Das haben wir ganz und gar vergessen, gehen wir erst mal rein."

„Hallo, ihr seid ja schon alle da."

„Klaus, hast du eine Vase für meine schönen Rosen? Die habe ich von meiner lieben Christin bekommen!" „Setzt euch erst mal, ich hole gleich eine Vase."

„Wollt ihr zwei ein Bier?" Christin schaute Klaus an. „Was ist, Christin?" „Ach nichts. Ja, bring uns ein Bier! Susi, was essen wir?" „Lass dich überraschen. Klaus, das Übliche bitte, mit Pommes oder Salat."

„Aber jetzt müssen wir anrufen." „Wen wollt ihr anrufen?" „Evelin und Jochen. Wir haben es doch vergessen!" „Was, was habt ihr? Warum lacht ihr?" „Ach nichts." „Kommt, sagt es schon." „Nun ja, das haben wir uns schon gedacht, wir haben sie schon angerufen." „Danke."

Klaus kam. „Euer Essen!" „Das sieht aber gut aus. Es schmeckt auch sehr gut. Klaus, wo ich dich so ansah, du hast Ähnlichkeit mit meinem Onkel, sehr viel Ähnlichkeit." „Ist schon gut, Christin! Lasst es euch schmecken." „Ja, das lassen wir uns."

„Susi?" „Ja, Klaus?" „Deine Christin ist aber eine ganz Süße." „Das weiß ich doch. Ja, das ist sie. Ich hab sie ja so lieb." „Klaus?" „Ja, Johann?" „Du musst die beiden mal singen hören. Es ist so wunderschön." „Johann, übertreibe nicht!" „Ich übertreibe nicht, oder was sagt ihr alle?" „Johann hat recht."

„Also, ihr wollt von uns was hören?" „Ja, Susi! Wollen wir!" „Christin, was sagst du?" „Machen wir ihnen die Freude."

„Aber wir essen erst mal, lasst euch nur Zeit!" „Auf jeden Fall."

„Peter, du hast doch immer deine Gitarre mit?" „Ja, das habe ich!" „Du kennst das auch bestimmt.‚Hohe Tannen'." „Ja, das kenne ich." „Also, Peter, fang an."

Und wir sangen das Lied „Hohe Tannen" und hatten so viel Freude dabei.

„Aber jetzt erst mal ein Bier und dann nur noch ein Lied für heute."

„Aber das singe ich allein für Susi. und es heißt:‚Warum hast du mich bloß verlassen, Tanja?' Wisst ihr, ich habe heute so viel über Tanja erfahren und ich war auch mit Susi auf dem Friedhof bei Tanja. Sie war eine außergewöhnliche Frau. Peter, gibst du mir mal deine Gitarre?"

Christin fing an zu singen. Ihre Stimme klang so lieblich und traurig.

„Tanja, warum hast du mich so allein gelassen, wir waren doch so glücklich!

Du warst doch noch so jung.

Du warst doch noch so jung, und voller Lebensfreude!

Du warst doch noch so jung, aber meine Liebe zu dir wird nie vergehen!

Du warst doch noch so jung. Meine Liebe zu dir wird fortbestehen!

Du warst doch noch so jung. Auch wenn du nicht mehr bei mir bist, so bleibst du doch in meinem Herzen!

Du warst doch noch so jung und musstest von mir gehen!

Du warst doch noch so jung, mir bleiben nur die Blumen auf deinem Grabe!

Du warst doch noch so jung. Wir werden uns nie wieder sehen!

Du warst doch noch so jung, ich werde es nie verstehen!"

„So, Susi, das war für dich. Und vergiss deine Tanja nie."

„Warum hast du das gesungen? Christin, tut dir das nicht weh?"

„Nein. Seht mal, Susi hat Tanja über alles geliebt, und nur wenn sie ihre Tanja immer liebt und in ihren Herzen behält, wird sie ihren Schmerz überwinden. Ich weiß, dass ihr Herz immer noch voller Trauer ist. Und es fällt ihr schwer, hierher zu kommen. Sie soll ihren Schmerz nicht verbergen und verdrängen. Ja, ich bin mit Susi so glücklich. Sie hat so viel Liebe und Güte, ihre Fröhlichkeit und ihre lieben Worte. Und ich möchte mit Susi alt werden. Aber das kann ich nicht, wenn Susi ihre Tanja verdrängt. Nein, das kann ich nicht! Sie war doch Susis erste große Liebe, die so schmerzlich endete. Susi, ich hab dich so sehr lieb und ich will dich nicht verlieren."

„Christin, ich hab dich auch so sehr lieb und wir werden immer zusammen bleiben."

„Christin?" „Ja, Klaus?" „Du bist noch so jung, aber du bist auch eine außergewöhnliche Frau! Ich weiß nicht, was ich sagen soll."

„Aber ich, Klaus! Bringst du uns noch ein Bier?"

„Aber freilich, es kommt gleich."

„Susi?" „Ja, Klaus?" „Wie hast du bloß diese wunderbare Frau kennengelernt?"

„Ich nicht, Klaus. Sie mich."

„Wie soll ich das verstehen?" „Du weißt doch, was passiert ist mit mir. Christin hat mich gesund gepflegt, sie hat mich nicht aufgegeben, sie ist Krankenschwester."

„Susi, ich bin noch in der Ausbildung." „Ist doch egal."

Wir tranken aus.

„Klaus, bringst du die Rechnung? Ich will heute noch was von meiner Susi haben."

„Christin, das geht aufs Haus!"

„Warum?"

„Ich habe heute so viel von dir gelernt."

„Was denn, Klaus?" „Liebe, Güte und Verständnis, Hingabe und Vertrauen. Christin, ich weiß, dass du mit Susi sehr glücklich sein wirst."

„Danke, Klaus! Wollen wir gehen, Susi?" „Ja, bis morgen, alle zusammen." „Aber kommt nicht so spät, ihr zwei." „Mal sehen, wie wir es schaffen. Also bis morgen."

„Susi, was machen wir noch heute?" „Alles, was du willst." „Da habe ich eine Idee." „Was?, Sag schon." „Lass dich überraschen. Aber erst mal unter die Dusche und dann …" „Was denn?" „Sag ich dir nachher." „Sag es bitte jetzt." „Ich werde dich sehr, sehr lieb haben, du bist doch mein Engel. Du bist mein süßer Engel."

„Was hast du Susi? Warum schaust du mich so verliebt an?" „Du bist so süß mit deinen nassen Haaren. Und dein Lächeln, deine Ausstrahlung, wie du dich gibst, so natürlich, das ist so wunderbar! Ja, ich bin sehr in dich verliebt und kann mir ein Leben ohne dich nicht mehrvorstellen."

„Das hast du aber lieb gesagt, Susi." „Na komm schon ins Bett, Christin." „Ich komme gleich!" Aber wir waren schnell eingeschlafen.

„Susi, das Telefon klingelt mitten in der Nacht." „Geh mal ran, Christin." „Hallo, wer ist da?" „Evelin. Wie geht es euch?" „Warte mal. Susi?“ „Ja, Christin?“ „Es ist Evelin. Hier, sprich mit ihr selbst.“ „Hallo Evelin.“ „Wie geht es euch?“ „Gut, und euch?“ „Auch gut. Schöne Grüße von Jochen.“ „Danke, auch schönen Gruß von uns. Evelin, wir rufen noch mal gegen dreizehn Uhr an, wir schlafen noch.“ „Susi, es ist gleich vierzehn Uhr.“ „Kann nicht sein.“ „Doch, Susi.“ „Wir melden uns, Evelin, bis bald.“

„Christin, wir müssen aufstehen.“ „Warum?“ „Wir haben verschlafen.“ „Das macht doch nichts.“ „Nein, wir wollen uns noch ein bisschen liebhaben.“ „Ja, Susi.“ „Christin, du bist so lieb, so zärtlich. Mit dir ist es so schön.“ „Mit dir auch, Susi. Aber lass uns jetzt erst mal aufstehen.“

„Was machen wir heute?“ „Wir müssen erst mal was essen.“

„Und danach gehen wir auf den Friedhof zu Tanja.“

Die Zeit ging so schnell vorbei, wir hatten nur noch zwei Tage. Wir saßen gerade beim Frühstück. Hatte es eben an der Tür geklopft? „Wer kann das sein?“ „Susi, ich weiß es nicht, lass uns mal nachschauen. Hallo Klaus, komm doch rein.“ „Ich muss euch mal was fragen.“ „Was hast du denn, Klaus?“ „Könnt ihr heute Abend noch mal singen? Ihr fahrt doch in zwei Tagen wieder.“ Ich schaute Christin an. „Wollen wir?“ „Ja, Susi. Wir wollen, Klaus. Wir kommen heute Abend runter.“ „Habt Dank, alle beide.“ „Ist schon gut, wir haben doch Freude daran. Uns macht es Spaß. Bis heute Abend, Klaus.“

„Was machen wir heute noch? Susi, wollen wir in die Stadt fahren?“ „Ja, das machen wir. Und wir gehen ein bisschen einkaufen.“ „Komm, Susi, gehen wir los.“ „Ja, ich bin fertig. Hier, nimm die Schlüssel, du fährst, Christin.“ „Lässt du mich wirklich fahren?“ „Ja.“ Und ich streichelte meine Christin, meinen blonden Engel. „Fahren wir erst mal.“ „Haben wir es noch weit?“ „Nein, wir sind gleich da!“

„Erst mal einen Parkplatz suchen. Engelchen, hier gibt es genug.“ „Du hast recht. Hoffentlich finden wir unser Auto wieder.“ „Das werden wir schon, Christin. Lass uns jetzt gehen.“ Wir nahmen uns an die Hand, wir waren so fröhlich alle beide und sangen wieder.

Die Leute schauten uns an und lächelten, einige sagten: „Ihr singt aber schön." Wir waren ja so vergnügt.

„Susi, essen wir noch ein Eis?" „Ja, aber erst mal einkaufen. Und anschließend gehen wir noch zu Jan." „Wer ist das!? „Das ist eine kleine Bar. Jan ist der Besitzer, da gibt es sehr gutes Essen. Christin, da drüben in der Schule habe ich mal gearbeitet." „Was hast du da gemacht?" „Ich habe Geschichte unterrichtet." „Warum hast du aufgehört?" „Ich werde dir mal alles erzählen." „Susi, wenn du nicht möchtest, brauchst du es nicht." „Doch, du musst es wissen." „Aber lass dir Zeit damit, Susi!"

„Jetzt kaufen wir uns was Schönes zum Anziehen. Wie gefällt dir das, Christin?" „Ach, Susi, das nicht!" „Aber schau mal, wie findest du das?" „Ja, das ist sehr schön. Wollen wir uns das Gleiche kaufen?" „Ja, das machen wir."

„Und jetzt gehen wir noch was essen."

„Hallo Jan." „Na, Susi, du warst schon lange nicht mehr hier!" „Ich wohne doch schon lange nicht mehr in Schönberg." „Das habe ich nicht gewusst!"

„Jan, machst du uns mal was zu essen?" „Das mache ich. Aber Susi, sag mir doch mal, wer ist denn das hübsche Mädel?" „Jan, das ist meine Christin." „Aber setzt euch erst mal, und was möchtet ihr trinken?" „Ich nehme ein Wasser, und du, Christin?" „Bitte auch ein Wasser." „Und wie geht es euch so?" „Uns geht es gut." „Und dir auch?" „So euer Essen." „Susi, das ist aber gut." „Ja, das ist es."

„Ach, die Zeit. Jan, wir müssen aber jetzt losgehen. Wir sehen uns noch, bis bald. Und jetzt holen wir uns noch ein Eis." „Ja, das machen wir."

Die Zeit verging.

„Komm, gehen wir zum Auto."

„Susi, darf ich fahren, bitte?" „Warum hüpfst du immer von einem Bein zum anderen, Christin? Das sieht so lustig aus." „Ach Susi, bitte, bitte lass mich doch fahren." „Ja, du kannst fahren!" Christin sprang mich vor Freude an, ich war nicht gefasst darauf und wir beide lagen in einer großen Pfütze. „Fahr nur, Christin, wenn es dir Spaß macht." „Ja, großen Spaß, Susi!" „Du bist so süß, Christin, und jetzt erst recht." Ich musste so lachen.

„Wieso lachst du?“ „Wieso? Du musst dich mal sehen.“ „Ha, ha, schau dich an, du siehst selbst nicht besser aus.“ „Christin, dir kann man doch nichts abschlagen!“ „Susi, du bist so lieb.“ „Und jetzt müssen wir was auf die Sitze legen, so können wir nicht einsteigen.“ „Erst müssen wir aufstehen, oder willst du hier liegenbleiben, Susi?“ „Auf keinen Fall! Hilfst du mir mal auf?“ „Das mache ich doch, Susi. Und was legen wir jetzt auf die Sitze? Wir haben doch nichts.“ „Ach, ist doch egal, das machen wir wieder sauber.“

„Na, fahr erst mal, Christin. Ich singe und du fährst.“ „Nein, nein, wir singen alle beide. Wir singen alle beide, sonst fahr ich nicht.“ „Na gut, wir singen alle beide. Ich könnte dich jetzt ...“ „Was denn?“ „Du weißt schon.“ „Mach es doch.“ „Mach ich auch.“

„Aber wir müssen erst mal los. Klaus wird schon warten. Aber heute Abend ...“ „Was ist heute Abend?“ „Wirst schon sehen, Süße.“ „Selber Süße. Lass uns singen, Susi. Wir wollen doch heute Abend gut sein!“ „Das sind wir doch, Christin.“ „Ja das sind wir. wenn wir zu Hause sind, müssen wir uns beeilen.“

„Ach, das schaffen wir schon.“

Wir trafen Klaus. „Wie seht ihr zwei aus?“ „Wie schon.“ „Als ob ihr euch in eine Pfütze ...“ „Sag nicht, Klaus.“ „Bin ja schon ruhig.“ „Warum lachst du so, Klaus?“ „Ihr zwei müsstet euch mal sehen.“ „Haben wir.“ „Kommt ihr?“ „Ja, wir müssen uns bloß duschen und umziehen, in einer halben Stunde sind wir da.“ „Ist gut!“

„Susi?“ „Ja, Christin?“ „Mal sehen, wer zuerst oben ist.“ „Na wer schon, du, Christin, aber ich werde dich festhalten.“ „Das machst du nicht.“ „Doch, oder willst du mir weglaufen?“ „Nein, Susi, das mache ich nie, ich lauf dir nicht weg, nie.“ „Ha, jetzt sind wir doch alle beide zusammen oben. Mach schnell auf, wir haben nicht viel Zeit. Was wollen wir denn anziehen, Christin?“ „Wir haben uns doch heute was gekauft.“ „Das liegt noch im Auto, ich hole es schnell.“

„Du bist ja schon wieder da, Christin, und bist ganz außer Atem.“ „Geht schon, Susi. Aber jetzt schnell duschen!“ „Ja, aber wir schaffen es schon, Christin!“

„Komm schon, Susi.“ „Ich bin doch fertig.“ „Dann nichts wie los.“

Im Café angekommen: „Na, Klaus! Wir haben es geschafft!“ „Ihr seht jetzt richtig hübsch aus.“ „Klaus, kein Wort!“, und wir schauten ihn lächelnd an. „Doch, so richtig zum Verlieben.“ „Na, na, Klaus, da wirst du kein Glück haben, ich gebe meine Christin nicht her.“ „Und ich nicht meine Susi! Da musst du dir schon eine andere suchen, uns bekommst du nicht.“

Wir bemerkten gar nicht, dass unsere Freunde da waren, hörten bloß, wie sie lachten. „He, was gibt es da zu lachen?“ „Es ist doch so richtig lustig mit euch.“ „Was? Na, ich gebe meine Christin nicht her.“ „Und ich nicht meine Susi.“ „Und was noch? Kommt, sagt es schon.“ „Ihr zwei seid so richtig süß, das ist doch nicht alles!“ „Klaus, du hast aber nichts gesagt, oder?“ „Nein“, sagte er und lachte dabei. „Nein, habe ich nicht.“ „Klaus? Wirklich nicht?“ „Nein.“ „Das glauben wir dir aber nicht!“ „Wenn ihr meint? Ihr könnt mir vertrauen. Aber schaut mal, wer hier ist.“ „Das ist aber eine Überraschung! Evelin und Jochen, wie lange seid ihr schon hier?“ „Wir kamen gestern Abend.“

„Susi?“ „Ja, Christin?“ „Jetzt weiß ich, warum wir singen sollen.“ „Setzt euch erst mal.“ „Klaus, bringst du uns mal was zu trinken?“ „Ein Bier?“ „Nein, heute nicht, bring uns bitte einen Saft und was zu essen.“ „Kommt gleich.“ „Wir werden erst mal was essen.“ „Macht das nur.“

„Wollt ihr was Bestimmtes hören?“„ Nein, es ist alles schön, was ihr singt.“

„Und wie geht es euch, Evelin und Jochen?“ „Danke, gut.“

„Peter, es geht gleich los, bist du so weit?“ „Ja, es kann losgehen!“ „Susi?“ „Ja, Christin?“ „Daserste Lied ist: ‚Du kannst nicht immer siebzehn sein‘.“ „Oh ja, das ist schön.“ „Na, dann wollen wir mal.“

„Klaus, ist das nicht ein schönes Paar? Die zwei haben so viel Freude beim Singen und machen noch so viel Spaß dabei.“ „Ja Jochen, ich könnte stundenlang zusehen und -hören. Schade, dass sie nicht für immer hier bleiben.“

Wir machten noch eine Verbeugung und gingen raus, wir hörten sie bloß noch sagen: „Weg sind sie.“

„Komm, Susi, lass uns wieder reingehen." „Aber jetzt doch noch nicht, Christin." „Warum?" „Na, ich möchte von dir noch einen schönen Kuss." „Den sollst du bekommen, einen ganz großen. Warte noch ein bisschen, aber jetzt gehen wir rein." „Ja!" „Hallo, wir sind wieder da. Aber jetzt erst mal ein Bier."

„Wisst ihr, mit euch ist jeder Tag so schön." „Meint ihr?" „Ja!" „Aber wir gehen, wenn ihr nichts dagegen habt." „Nein, geht nur, und schlaft schön."

„Das werden wir", sagten wir und lachten dabei.

„Warum lacht ihr?" „Nun ja, wir sind doch keine kleinen Kinder mehr. Später werden wir das machen." „Nun geht schon!"

Wir sangen beim Rausgehen. „Gut, dass es Freunde gibt." „Komm, Susi, aber heute wird nicht geschlafen!" „Nein, heute nicht!" „Susi, deine Liebe, deine Liebe ist unbeschreiblich zu mir, du bist so liebevoll zu mir." „Sag nichts, sag nichts, Christin. Lass uns das machen, worauf wir nachher Lust haben." „Und an was hast du so gedacht Susi?" „Alles, was Spaß macht! Aber jetzt schnell nach Hause." „Ja, Susi, ich bin ja so glücklich." „Ich auch mit dir."

Es war wieder mal sehr spät, als wir munter geworden sind.

„Susi, komm lass uns aufstehen." „Christin, wir kuscheln noch ein bisschen." „Das machen wir."

„Aber jetzt nichts wie raus. Komm schon, wir wollen duschen." Ich nahm Christin an die Hand.

„Oh, das Wasser ist aber kalt!" „Ja, das kommt öfter hier vor." „Das macht nichts, davon werden wir munter. Und was machen wir heute?" „Erst mal ein schönes Frühstück." Frühstück?" „Na ja, ist doch egal." „Susi, behalte doch deine Wohnung." „Soll ich?" „Ja, Susi, behalte sie! Dann können wir öfter hierher fahren, wenn du willst." „Mit dir immer, Christin." „Morgen müssen wir aber schon wieder fahren, Susi." „Ja, die Zeit war so schnell um." „Aber wir fahren doch wieder hierher?" „Ja, Christin, so oft du willst!"

Die Autorin

Kerstin Nickel wurde 1951 in Sandersdorf geboren. Ihre Kindheit war nicht immer einfach, und sie musste früh ihren eigenen Weg gehen. Sie besuchte die Schule und machte einen guten Abschluss, nach zwei Jahren Abendschule folgte das Abitur. Von Beruf ist sie Maurermeisterin, und hatte ein eigenes Bauunternehmen gehabt. Das Schreiben ist eines ihrer größten Hobbys, und auch in der Zeitung und Zeitschriften erschienen einige Artikel von ihr. Dass sie Lesbisch ist weiß sie schon lange. Um dieses Thema dreht sich auch ihr bewegtes Buch „Liebe ohne Wiederkehr“.

Der Verlag

Wer aufhört
besser zu werden,
hat aufgehört
gut zu sein!

Basierend auf diesem Motto ist es dem novum Verlag ein Anliegen neue Manuskripte aufzuspüren, zu veröffentlichen und deren Autoren langfristig zu fördern. Mittlerweile gilt der 1997 gegründete und mehrfach prämierte Verlag als Spezialist für Neuautoren in Deutschland, Österreich und der Schweiz.

Für jedes neue Manuskript wird innerhalb weniger Wochen eine kostenfreie, unverbindliche Lektorats-Prüfung erstellt.

Weitere Informationen zum Verlag und seinen Büchern finden Sie im Internet unter:

w w w . n o v u m v e r l a g . c o m